Reinhard Pilz

Piranhas zum Nachtisch

n(v)
NEUFELD VERLAG

Reinhard Pilz

Piranhas zum Nachtisch

Mit der besten Nachricht der Welt unterwegs auf dem Río Paraguay

n(V)
NEUFELD VERLAG

2. Auflage 2024

Die Deutsche Bibliothek verzeichnet diese Publikation in der Deutschen Nationalbibliografie; detaillierte bibliografische Daten sind im Internet über www.d-nb.de abrufbar

Umschlaggestaltung: spoon design, Olaf Johannson
Umschlagabbildungen: Julian Peters Photography, MatthieuCattin/ Shutterstock.com
Abbildungen innen: Reinhard Pilz; *Karte:* Joel Apodaca
Satz: Neufeld Verlag
Herstellung: CPI – Clausen & Bosse, Leck

ISBN 978-3-86256-191-9, Bestell-Nummer 590 191

neufeld-verlag.de

Bleiben Sie auf dem Laufenden:
newsletter.neufeld-verlag.de
neufeld-verlag.de/**blog**
facebook.com/neufeldverlag
youtube.com/@neufeldverlag

Für meine Eltern

Manfred & Brunhilde Pilz

Förderer, Unterstützer, treue Begleiter unserer Arbeit.

Eure Liebe, eure Gebete, eure Hilfsbereitschaft waren der Wind in unseren Segeln. Ohne euch wären wir nie so weit gekommen.

Der Río Paraguay
Bahia Negra
Puerto Leda
Fuerte Olimpo
Muzzolón
Puerto Guaraní
Murtinho
Isla Margarita
San Lazaro
Vallemi
Carmelo Peralta
CEMENTO
Puerto Sastre
Guyrati
Ita Kuá
Puerto Casado
Puerto Pinasco
Itapukumi
Concepción
Puerto Colón
Puerto Santa Rosa

Inhalt

1.

One-Way-Ticket

Innerhalb weniger Sekunden war ich hellwach. Ich richtete mich auf und schaute durch das Fenster, direkt neben meinem Bett: die Wasserfläche des Flusses lag still und glatt wie ein Spiegel vor mir. Der Nebel, der wie eine weiße Decke über dem Wasser lag, verschwand zusehends in den Strahlen der Sonne, die am Horizont emporkletterte. Ein Morgen wie so viele andere. Aber irgendetwas war anders. Eine unerklärliche Spannung lag in der Luft. Eine Bedrohung, die nicht zu erklären, aber fast mit Händen zu greifen war. Ich weckte meine Gefährten. Fast gleichzeitig bemerkten wir es: unser Schiff schien mit einer merkwürdigen Schräglage ungewohnt tief im Wasser zu liegen. War es nur eine Einbildung? Von einer dunklen Vorahnung ergriffen, hob ich die eiserne Luke des Laderaumes an. Schockiert prallte ich zurück. Was ich sah, konnte ich kaum glauben: der gesamte Laderaum stand unter Wasser! Und unaufhörlich schien mehr Wasser einzudringen. Augenblicklich war uns klar, was das bedeutete: Das Schiff, mit dem wir uns irgendwo in der wilden Flusslandschaft des Río Paraguay befanden, war gerade dabei, unterzugehen.

Sechs Monate vorher: „Bitte schnallen Sie sich an, klappen Sie die Tische ein und stellen Sie Ihre Sitzlehne gerade!“ Blechern dröhnt die Stimme aus dem Bordlautsprecher. Das Fenster neben mir gibt den Blick frei auf eine moosgrüne ebene Landschaft, die von in der Sonne glitzernden Wasserläufen durchzogen ist. Karamellbraune Erdwege, in quadratischen Rastern angelegt, verbinden verstreut stehende Häuser mit grauen Wellblechdächern. Obwohl wir uns im Landeanflug auf Asunción befinden, deutet wenig darauf hin, in wenigen Minuten auf der Rollbahn einer Hauptstadt aufzusetzen. Für Reisende, die von São Paulo, aus dem benachbarten Brasilien kommen, könnte der Kontrast kaum größer sein: Nach dem Start vom Flughafen *Guarulhos*, wenn sich das Flugzeug bei Richtungsänderung zur Seite neigt, blickt man in einen schier unendlichen Dschungel aus Wolkenkratzern, Hochhauschluchten und mit Favelas bedeckten Hügeln. In diesen Momenten füllt die Zwölf-Millionen-Mega-Metropole den gesamten Horizont aus. Wie ein Ozean aus Asphalt und Beton deckt die Stadt das komplette Sichtfeld ab. Der Anblick ist atemberaubend und bedrohlich zur gleichen Zeit.

Asunción wirkt von oben eher beschaulich als furchteinflößend. Auf einem Zubringer bewegt sich ein buntes Band von Fahrzeugen in beide entgegengesetzte Richtungen. Von oben wirkt es wie eine winzige Straße im Urwald, auf der Blattschneideameisen emsig ihre Beute transportieren und anschließend, in der anderen Richtung, mit leeren Greifarmen wieder zurückkehren. Über drohende Ameisenattacken mache ich mir zu diesem Zeitpunkt keine Sorgen. Aber in Gedanken befinde ich mich schon an der Zollkontrolle. Ich hoffe, dass sich die Beamten nicht allzu sehr für meine Survival-Ausrüstung interessieren. Ein Schweizer Multifunktions-Messer mit Säge, wasserfeste Zündhölzer, eine Armeejacke aus alten Bundeswehrbeständen und Angelzubehör habe ich für alle Fälle in meinem Gepäck verstaut. Ebenso hoffe ich, dass mich jemand am Flughafen abholt. Meine

Partnerorganisation in Paraguay hat mich darüber informiert, dass ich auf einem Missionsschiff eingesetzt werden soll. Ich hoffe, nicht als Schiffskoch oder Maschinist. Details zu meinem nautischen Einsatz, etwa wo ich an Bord gehen werde, welche Crew mich dort erwartet, welche Aufgaben für mich vorgesehen sind – hat man mir nicht mitgeteilt. Aber nicht etwa, um mich vor Ort dann damit zu überraschen. Sondern wohl eher deshalb, weil bisher niemand einen konkreten Plan hat, wie sich der hochaufgeschossene Deutsche als Teil der Besatzung nützlich machen könnte. Unter uns liegt der Río Paraguay, der das Land in den subtropischen Osten und den heißen, trockenen Chaco teilt. Wie eine riesige erdbraune Schlange durchzieht er die sumpfartige Landschaft. Er scheint stillzustehen. Nur ein paar winzige grüne Inseln aus Wasserpflanzen, die sich mit der Strömung flussabwärts bewegen, deuten darauf hin, dass er fließt. Schon bald wird dieser Fluss mein neues Zuhause sein.

Inzwischen hat das Fahrwerk unseres Fliegers auf die holprige Rollbahn aufgesetzt. Sie ist wesentlich kürzer als der Name des Flughafens: *Aeropuerto Internacional Silvio Pettirossi*. Diese Landung ist gelungen. Eine andere, die wesentlich mehr Zeit in Anspruch nehmen würde, steht mir noch bevor: mein Start in eine neue, mir völlig unbekannte Arbeit. Als Missionars-Neueinsteiger stehe ich dabei zwar vor der reellen Möglichkeit, gleich in den ersten Monaten eine transkulturelle Bruchlandung zu erleben. Aber zum Umkehren ist es jetzt zu spät. Mein One-Way-Ticket endet hier. Gedankenversunken blättere ich in meinem Reisepass. War die Entscheidung, mich als Missionar nach Südamerika aussenden zu lassen, wirklich von Gott inspiriert und getragen? Wenn nicht – denke ich ernüchtert –, dann bin ich gerade dabei, den bisher größten Fehler meines Lebens zu begehen. Aussteigen muss ich trotzdem. Die Sonnenstrahlen, die die verglaste Gangway mit Licht durchfluten, verscheuchen meine Zweifel. Eine freudige Erwartung erfasst mich. Gespannt blicke ich dem Abenteuer entgegen, in das ich schon längst eingetaucht bin. Eine tiefe Zuversicht, dass ich mich auf dem richtigen Weg befinde, erfasst mich. „Danke Vater, dass du mich bis hierhergebracht hast. Und danke, dass du auch meinen weiteren Weg schon vorbereitet hast!"

Problemlos kann ich Gepäck- und Ausweiskontrolle passieren. Der Stempel der Einwanderungsbehörde ist mein Touristenvisum. Genau neunzig Tage darf ich in Paraguay bleiben. Dann werde ich mich um einen neuen Stempel kümmern müssen. Daran verschwende ich jetzt aber keinen Gedanken. Nach wenigen Schritten stehe ich in der Wartehalle. Mitten zwischen winkenden, sich lautstark unterhaltenden Menschengruppen. Die Vorfreude, einen geliebten Verwandten oder Freund bald in die Arme schließen zu dürfen, steht vielen Wartenden ins Gesicht geschrieben. Manche haben sich mit schicker Kleidung in Schale geworfen. Andere sehen aus, als kämen sie gerade vom Strand: in Shorts, Unterhemd und Gummibadelatschen. Einige haben ihren Thermo dabei und trinken Tereré, um sich die Zeit zu vertreiben. Manche halten einen Blumenstrauß in den Händen, andere ein selbstgemaltes Plakat: „Bienvenidos Papá", lese ich auf einem Schild, das mit roten Herzchen verziert ist. Eine junge, elegant gekleidete Mutter mit drei Kindern reckt den Hals und schaut angespannt in Richtung der ankommenden Passagiere. Andere blicken eher gelangweilt, mit ernster ausdrucksloser Miene: Sie müssen Teilnehmer einer Konferenz vom Flughafen abholen und in ein Hotel fahren. Ihre Vorfreude scheint sich in Grenzen zu halten. Vor ihrer Brust halten sie Zettel mit ausländischen Namen. Taxifahrer, Kofferträger mit Sackkarre, Kinder mit ihrem Schuhputzkasten und dazwischen der Vertreter einer Autovermietung – alle halten sie Ausschau nach potenziellen Kunden. In Asunción landen nur drei, vier Linienflüge am Tag. Deshalb ziehen die wenigen Reisenden Bauchladen-Verkäufer, Dienstleister und Geschäftemacher aller Art unwiderstehlich an.

Zum dritten Mal wimmele ich einen hageren Kofferträger ab, der mich gestenreich überreden will, mein Gepäck bis auf den Parkplatz zu fahren.

Zwei Polizisten in sandbrauner Uniform und mit Pistole im Halfter stehen mit verschränkten Armen zwischen den Leuten und unterhalten sich. Die kleine, überschaubare Halle ist angefüllt mit einem farbenfrohen, fröhlich-wuselnden Cocktail. Da ich weder vorhabe, an einer Konferenz teilzunehmen, noch erwarte, geliebte Verwandte hier am Flughafen zu treffen, steuere ich zielstrebig in Richtung Ausgang, so, als würde ich von meinem Chauffeur draußen auf dem Parkplatz erwartet. *Reinhard Pilz* – lese ich elektrisiert. Dieses Pappschild ist für mich bestimmt! Meine Müdigkeit ist wie weggeblasen. „Reinhard Pilz?", fragend mustert mich der Pappschildträger – ein freundlich-blickender älterer Herr mit Goldrandbrille. „Ich bin Alfred!" Wir reichen uns die Hände und tauschen ein paar Worte aus. Wie schön, wenn man erwartet wird! Jetzt bin ich wirklich angekommen.

2.

Elfmeterkrimi in Pinasco

„Wir werden nicht durchkommen! Es hat zuviel geregnet. Der Weg ist voller Schlamm, unpassierbar." Diese Einschätzung von Abraham, Alfreds Bruder, lässt mein Stimmungsbarometer beträchtlich abfallen. Ich bin enttäuscht. Schon seit fast vierzehn Tagen warten wir auf besseres Wetter. Zweihundertachtzig Kilometer Erdweg bis zum Río Paraguay. Nur wenn diese Strecke, mitten durch den Chaco-Busch, abgetrocknet ist, macht unsere Reise Sinn. Dort, irgendwo am Fluss, wartet mein neues Zuhause – die *Misericordia II.* Ich kann es kaum erwarten, endlich an Bord gehen zu können. Aber vorerst ist Warten angesagt. Abraham und seine Frau, beide im Rentenalter, sind gute Gastgeber. Bis wir Richtung Fluss starten können, haben sie mich bei sich aufgenommen. Abraham erzählt mir, dass er ein gutes Händchen für Immobiliengeschäfte hat. In den letzten Jahren konnte er sich damit, hier mitten im Chaco, ein Vermögen aufbauen. Aber er hat auch schon als Holzhändler und Viehzüchter gearbeitet. Außerdem besitzt er ausgedehnte Ländereien, zwei Tankstellen und ein Privatflugzeug. Vor der Tür steht ein neuer, schneeweißer Chevrolet Blazer.

Ich muss mir also keine Sorgen machen, dass meine Bewirtung Abrahams Budget sprengt. Aber schnell spüre ich, dass Abrahams Herz nicht für Luxus & Co. schlägt, sondern viel mehr für seinen himmlischen Herrn. Und für die Menschen, die diesem Herrn noch nicht begegnet sind. Abraham arbeitet ehrenamtlich für die Trans-Chaco-Mission, die überall in Paraguay aktiv ist. Man unterstützt einheimische Evangelisten, die mit dem „Jesus-Film" im Inneren des Landes arbeiten. Oft sitzen wir bis spät abends zusammen und Abraham berichtet mir mit leuchtenden Augen von seinen geplanten Missions-Projekten. „Bald will ich nach Fuerte Olimpo, einer Stadt am Fluss, fahren. Dort würde ich gern eine Tankstelle für Schiffe aufbauen. Und bei der Gelegenheit auch eine Bibelschule gründen." Abrahams Haut ist vom Leben unter der heißen Chaco-Sonne gealtert und faltig wie gegerbtes Leder. Sein Herz ist jung und unternehmungslustig. Hier bin ich einem echten Missionar begegnet!, freue ich mich.

„Morgen geht's los!" Bei diesen Worten bin ich hellwach. „Es soll wieder regnen. Aber du wirst trotzdem starten!", informiert mich Abraham und lacht dabei. „Wozu habe ich denn ein Flugzeug?" Dass ich nach meiner Atlantiküberquerung vor zwei Wochen so schnell wieder in einem Flugzeug sitzen würde – daran hätte ich nicht einmal im Traum gedacht. Aber am nächsten Tag schon heißt es Abschied nehmen von Abraham und seiner Frau. Ich verstaue mein Gepäck im Chevrolet. Dann gibt Abraham Gas und fährt uns auf der staubigen Erdstraße zum *Aeródromo Loma Plata*. Pastor Aner, einer der Pioniere der Fluss-Mission, wird mich zur Misericordia II begleiten. Unser Pilot erwartet uns schon auf der Rollbahn. Rudi, ein drahtiger Typ mit lebhaften Augen, Schnauzer und Basecap, ist gerade dabei, die blauweiße Cessna 172 nochmal durchzuchecken. „Willkommen im Chaco!", begrüßt er mich auf Deutsch. Ein kräftiger Händedruck folgt. „Steigt ein!" Nach kurzer Zeit hebt die Maschine ab und wir steigen auf in den lichtblauen Himmel. Der Blick auf Loma Plata unter uns ist eher unspektakulär. Quadratische Raster grauer Straßen, dazwischen wellblechgedeckte Flachbauten. Statt

Vor dem Start nach Vallemí

Skyline Rinder auf der Weide. Statt Häusermeer, hier und da ein Teich. Die Tajamare sind künstliche Erdbecken mit Regenwasser, aus denen das Vieh getränkt wird. Dazwischen recken sich rostige Windmühlen auf Gittermasten. Mit ihnen wird das Wasser aus den Becken gepumpt. Manche der Tajamare sind kreisrund, auf Hügeln angelegt, die mit Bulldozern aufgeschichtet wurden. Von hier oben sehen sie aus wie Kraterseen längst erloschener Vulkane. Ein Vulkanausbruch wäre allerdings das Letzte, was wir jetzt gebrauchen könnten. Rudi wirkt entspannt. Ich bin nervös. Jetzt erlebe ich es live: eine Reise in einer kleinen Propellermaschine ist bedeutend unruhiger als in einem Linienflugzeug. Aber auch wesentlich unterhaltsamer. Die Maschine reagiert auf jedes Luftloch und jede Böe. Immer wieder werden wir ordentlich durchgeschüttelt. Pastor Aner wirkt locker. Entweder ist er zu müde, um aufgeregt zu sein, oder er simuliert den coolen Vielflieger. Aber Rudi hat alles im Griff.

Nach einer halben Stunde kommt der Río Paraguay in Sicht. Ein glitzerndes, silbernes Band, gesäumt von Urwald und gerodeten Ländereien. Am Steilhang eines mit tropischem Grün bedeckten Hügels klafft ein riesiges Loch: Es ist einer der vielen Steinbrüche der Region, in denen Marmor und Kalkstein abgebaut wird. Wir sind am Ziel: Puerto Vallemí. Pastor Aner vermutet, dass die Misericordia II auf ihrer Reise gerade hier vor Anker liegt. Rudis Landung gelingt perfekt. Sachte setzt er die Cessna auf der kurzen Landebahn auf. Jetzt bin ich fast am Ziel meiner langen Reise angekommen. Vallemi ist nur eine kleine Industriestadt. Sie wird dominiert von der staatlichen Zementfabrik. Da wir zurzeit aber kein Interesse haben, Zement zu kaufen, verschieben wir eine Fabrikbesichtigung auf später. Der Hafen liegt nur ein paar hundert Meter entfernt. In wenigen Minuten werden wir dort sein. Doch eine halbe Stunde später ist die Ernüchterung groß: Wir sind zu spät gekommen! „Euer Schiff hat gestern abgelegt. Der Kapitän hat tagelang auf euch gewartet. Aber ihr seid nicht aufgetaucht!“, bekommen wir später zu hören.

Pastor Aner reagiert mit Gelassenheit. Und wieder einmal erfahre ich, dass Zeit hier in Südamerika, am Rande der Zivilisation, anders definiert wird als in meiner hektischen deutschen Heimat. Ein paar Tage früher oder später fallen nicht so sehr ins Gewicht. Die Uhren ticken langsamer – wenn es überhaupt welche gibt. Mit fast fatalistischer Ruhe akzeptiert man, wenn Zeitpläne nicht funktionieren – wenn es überhaupt welche gibt. Uns bleibt nichts anderes übrig: Wir müssen warten. Bevor wir uns morgen auf die Suche nach dem verschwundenen Schiff machen, müssen wir uns erst einmal um ein Nachtquartier kümmern. In der heruntergekommenen Pension „Fernandito“, direkt am Hafen, bezahlen wir ein Zweibettzimmer. Jetzt macht sich unser Magen bemerkbar. Seit Mittag haben wir nichts mehr gegessen. Das Speiseangebot in der „Classic Bar“ ist überschaubar: Empanadas – gebackene Teigtaschen mit Hackfleischfüllung, Milanesa de Surubí – ein paniertes Fischfilet und Bife de Caballo. Obwohl dieses in Paraguay beliebte Gericht frei übersetzt „Pferdesteak“ bedeutet, besteht es aus Rindfleisch, das mit Spiegeleiern und viel gebratener Zwiebel serviert wird. Ein rustikales Essen – auch für den großen Hunger. Satt und zufrieden kehren wir in unsere Herberge zurück. Einen Sommerurlaub mit Familie würde ich in dieser Absteige zwar nicht verbringen wollen, aber wir sind erleichtert, ein Dach über dem Kopf gefunden zu haben.

Am nächsten Morgen sind wir schon früh auf den Beinen. Hier, in Vallemí, hält uns nichts mehr. Pastor Aner ist sich sicher, dass unser Schiff bis nach Puerto Pinasco gefahren ist, einer Siedlung etwa fünfzig Kilometer flussabwärts. Im Hafen gelingt es uns, einen Blechkahn mit Außenbordmotor samt Bootsführer zu chartern. Aner verhandelt den Preis mit dem zigarettenrauchenden Bootsbesitzer. Sie einigen sich auf umgerechnet 20 Euro. Wir teilen uns alle Kosten der Reise. Der 10-PS-Suzuki-Motor taugt zwar weder für rasanten Fahrspaß noch für einen Geschwindigkeitsrausch, aber wir kommen zügig voran. Zwei lachsrote Marmorreiher suchen im seichten Wasser nach Krebsen. Aufgeschreckt vom Lärm bringen sie sich auf einem Chivato-Baum in Sicherheit. Ein Schlangenhalsvogel, der auf einem Pfahl am Ufer sitzt, ignoriert uns hingegen, so als gehörten vorbeifahrende Motorboote zum Tagesgeschäft. Nach etwa zwei Stunden treffen wir in Puerto Pinasco ein. Die Misericordia II ist weit und breit das einzige Schiff, das hier ankert. Ich kann es kaum fassen: Nach einer Reise von insgesamt knapp 14 000 Kilometern mit verschiedenen Flugzeugen, mehreren Autos und einem Motorboot bin ich nach zweieinhalb Wochen endlich an meiner neuen Wirkungsstätte angekommen!

Es folgt eine herzliche Begrüßung. Auf dem Schiff herrscht Hochbetrieb. Außer dem Kapitän Juan, seiner Frau Rossana und ihrem einjährigen Sohn Jonathan ist auch gerade Verwandtschaft mit an Bord sowie einige andere Besucher. Ein fröhliches Getümmel im winzigen Ruderhaus, das gleichzeitig auch als Kombüse, Aufenthaltsraum, Schlafquartier und Ablageort für

Die Misericordia II

Gegenstände aller Art dient. Für meinen Koffer finde ich einen freien Platz auf einem Bett, in dem gerade niemand liegt.

„Ejú!" – komm mit! Jorge winkt mir freundlich zu. Der junge Mann, der Ähnlichkeit mit dem Schauspieler Benicio del Toro hat, aber wesentlich kleiner ist, fordert mich auf, mitzukommen. Die Missionare der Misericordia II veranstalten seit gestern Abend ein Jugendtreffen hier im Ort. Wenn wir uns beeilen, sagt Jorge, würden wir es gerade noch rechtzeitig zum Vormittagsgottesdienst schaffen. Ich habe nichts anderes vor und folge ihm. Auf einer Wiese im Schatten einiger Paraíso-Bäume sitzen vielleicht dreißig Jugendliche. Manche sind aus anderen Orten am Fluss mit Booten angereist. Wir singen Lieder zur Gitarre. Viele klatschen begeistert mit. Da ich die spanischen Texte weder kenne noch verstehe, verwende ich meine gesamte Energie fürs Mitklatschen.

Dann setze ich mich entspannt auf meinen Plastikstuhl. Das Gefühl der Entspannung hält allerdings nur kurze Zeit. Es ist schlagartig vorbei, als der Moderator plötzlich frohgelaunt ins Mikrofon sagt: „Wir sind überaus glücklich, heute Morgen einen jungen Missionar aus Deutschland begrüßen zu dürfen. Ich bitte ihn jetzt nach vorn, damit er uns eine Botschaft übermitteln kann!" Das erwähnte Glücksgefühl spürt leider nur der Moderator. Ich hingegen fühle mich völlig überrumpelt. Alle klatschen. Ich setze ein souveränes Lächeln auf. Überlege aber verzweifelt, wie ich mich aus der Affäre ziehen könnte. Mein Spanisch ist so schlecht wie damals mein Russisch in der zehnten Klasse. Ich habe keine Ahnung, was ich von vorn sagen soll. Die tropische Hitze hat mir beim Klatschen schon den Schweiß aus allen Poren getrieben. Jetzt steigt die gefühlte Temperatur nochmals um einige Grad. Alles in allem nicht die besten Voraussetzungen für eine weltbewegende Ansprache ...

Ich erhebe mich und gehe leicht schwankend zum Rednerpult. Meine Sprachkenntnisse reichen aus, um mich kurz vorzustellen. Dann stammele ich noch etwas von „herzlichen Grüßen von meiner deutschen Heimatgemeinde". Jetzt bin ich am Ende. In jeder Hinsicht. Die Leute klatschen wieder. Ich atme tief durch. Missionsgeschichte habe ich mit meiner Stegreifrede nicht geschrieben – soviel ist mir klar. Aber ich bin erleichtert, denn der Rest des Tages würde ruhiger ablaufen! Denke ich.

Aber es sollte noch schlimmer kommen. Nach dem Gottesdienst schlendere ich mit Jorge und anderen Jugendlichen durch den Ort. Wir kommen an einem Fußballplatz vorbei, auf dem gerade eine Partie gespielt wird. Die Zuschauer johlen. Irgendjemand muss den Leuten gesteckt haben, dass „un alemán" in ihrem Ort gestrandet ist. Und da „Alemania" mehrfacher, gefeierter Fußballweltmeister ist, kann man daraus schlussfolgern, dass alle Deutschen herausragende Fußballer sind! Da steht es außer Frage, dass auch ich dazugehöre. Und wann würde sich eine bessere Gelegenheit ergeben, mich als Ballkünstler in Szene zu setzen, als jetzt und hier? Das Verhängnis nimmt seinen Lauf. Im Spielverlauf hat der Schiedsrichter gerade auf Elfmeter entschieden. Und ganz spontan sind sich alle einig: diesen fälligen Elfmeter wird „el alemán" schießen!

Zwar bin ich ein miserabler Fußballspieler, aber erneut sitze ich in der Falle. Eine passable Ausrede fällt mir so schnell nicht ein. Deshalb beschließe ich, die Flucht nach vorn anzutreten, denn man kann es auch ganz anders sehen: Dieser Elfmeter ist meine Chance! Mit einem einzigen Geniestreich könnte ich jetzt mit etwas Glück den Ball im Tor versenken. Und dabei die Herzen im Sturm erobern. Fachmännisch taxiere ich den Ball mit zusammengekniffenen Augen. Dann nehme ich Anlauf. Alle Augen sind auf mich gerichtet. Ich treffe den Ball mit heroischer Wucht. Meterweit fliegt die Kugel am Tor vorbei, in den tropischen Sommerhimmel. *Power ist nothing without control* – ob die Leute den alten Pirellireifen-Slogan kennen, ist mir nicht klar. Sicher ist: Ich würde am liebsten im Erdboden versinken. So ähnlich muss sich Roberto Baggio gefühlt haben, als er im WM-Finale gegen Brasilien den entscheidenden Penalty verschoss … Im Gegensatz zu damals wird mein Fehlschuss wenigstens nicht im Fernsehen übertragen. Ein schwacher Trost.

So verläuft mein Einstand als Missionar eher holprig und durchwachsen. Meinen ersten Tag „an der Missionsfront" hatte ich mir anders vorgestellt. Das Positive daran: Es konnte nur besser werden. Und es wurde besser. Zwar wurde ich danach nie wieder gebeten, einen Elfmeter zu treten. Aber ich selbst begriff: Gott hat mich nicht berufen, Menschen zu beeindrucken, sondern sie zu begleiten. Mit ihnen unterwegs zu sein, sie zu lieben.

Unser Auftrag ist es zu helfen, dass ihr euch freuen könnt.

(2. Korinther 1,24)

3.

Sommer, Sonne, Dauerstress

Mein neues schwimmendes Zuhause ist elf Meter lang und vier Meter breit. Zur Besatzung gehört außer mir noch Juan, ein paraguayischer Pastor, der unser Käpt'n und Teamleiter ist. Mit von der Partie ist außer seiner Familie auch Tito, zwanzigjährig. Er fährt schon seit mehreren Jahren als Helfer mit. Inzwischen ist er ein mit allen Wassern gewaschener (Süßwasser-)Matrose und notiert bei jeder Gelegenheit die neuesten Episoden in seinem Tagebuch. Gern verleiht er dieses an interessierte Leser. Als ich eines Tages mit Titos Erlaubnis die handgeschriebenen Seiten überfliege, entdecke ich folgende Notiz: *Heute Mittag gab es Schnitzel. Missionar Reinhard hat drei davon gegessen.*

Die Misericordia II ist auf einem 800 Kilometer langen Teilstück des Río Paraguay unterwegs. Der Fluss entspringt in Brasilien. Vom gebirgigen Hochland von Mato Grosso fließt er in südlicher Richtung und durchquert dabei die Niederung des Pantanal, des größten Sumpfgebietes der Erde. Im Süden des Pantanals bildet der Fluss die Grenze zwischen Brasilien und Paraguay. Auf dieser Strecke, an der Grenze beider Länder, sind wir unterwegs. Weiter im Süden erreicht der Fluss dann die paraguayische Hauptstadt Asunción, wo er sich mit seinem größten Nebenfluss, dem Rio Pilcomayo, vereinigt. Nach 2545 Kilometern schließlich, in Argentinien, ist die Reise des Flusses beendet – in der Nähe der Stadt Corrientes mündet er in den Paraná.

Wo wir unterwegs sind, ist der Fluss an vielen Stellen so breit, dass man das gegenüberliegende Ufer kaum erkennen kann. Mitunter verzweigt er sich in zahlreiche Seitenarme und bildet eine verwirrende, zerklüftete Wasserlandschaft. Ohne Erfahrung verliert man schnell die Orientierung. Ich staune immer neu über Juans Orientierungssinn: souverän manövriert er unser Schiff durch das Labyrinth von Wasserläufen, Inseln und Lagunen. Ohne GPS, nautische Karten, Radar oder Echolot.

Schnell entdecke ich – hier in Südamerika ist alles eine Nummer größer als in meiner sächsischen Heimat: nicht nur die Flüsse, sondern auch die Insekten und Reptilien. Nur mein Quartier – das steht im krassen Kontrast zur schier gigantischen Weite des Flusses. Wehmütig denke ich an meine geräumige Wohnung, die in Deutschland mein letztes Zuhause gewesen war. Ungefähr fünf mal drei Meter groß ist der Raum, in dem ich es mir nun gemütlich machen darf. Zusammen mit Tito, der über mir in einem Metallbett schläft. Für Gäste gibt es noch zwei weitere Betten. In dem gleichen winzigen Raum befindet sich aber auch noch das Steuerrad des Kapitäns, unsere Küche mit Propangasherd, ein Abwaschbecken, Vorratsschränke, Holzkisten mit Ausrüstung und Krempel, unsere Koffer und im Fußboden eine eiserne Luke, durch die man in den Laderaum gelangt. Alles in allem – wenn noch Besuch an Bord ist (was sehr oft vorkommt), bietet unser smartes Apartment die Bewegungsfreiheit einer Besenkammer und Privatsphäre einer vollbesetzten Straßenbahn zur Rushhour. Wenn das Wort „multifunktional" noch nicht existieren würde, man müsste es für unser Domizil erfinden, denn es ist alles in einem: Kombüse, Speisesaal und Schlafzimmer. Steuerhaus, Lagerraum, Seelsorgezimmer und Planungsbüro.

Das hat, wie ich in den kommenden Monaten erfahren sollte, auch viele interessante Facetten! Zum Beispiel kann man ent-

Die Misericordia II

spannt auf seinem Klappbett liegen und dabei dem Koch vom Dienst live beim Kartoffeln schälen zuschauen, oder beim Abwaschen. Oder dem Kapitän beim Steuern. So wird es selten langweilig. Gern wird mein Bett auch von Besuchern genutzt, die mit Entdeckerdrang und Neugierde erkunden wollen, wie es im Inneren unseres Schiffes aussieht. Dankbar für die Sitzgelegenheit, nehmen sie dann auf meiner Matratze Platz und stellen mir viele Fragen. Wenn sie irgendwann wieder gehen und meine Schlafstätte räumen, ist die Dankbarkeit auf meiner Seite. Dankbarkeit empfinde ich auch gegenüber den Konstrukteuren der Misericordia II. Glücklicherweise haben sie darauf verzichtet, Dusche und Klo auch noch in diesem Aufenthaltsraum unterzubringen.

Die fast klaustrophobische Enge ist für meine paraguayischen Kollegen aber erstaunlicherweise kein Problem: sie lieben Gesellschaft über alles. Eine Single-Kabine wäre für sie eher Strafe als Luxus. Und so genießen sie die Geselligkeit in vollen Zügen. Während mir das Non-Stop-Zusammensein auf die Nerven geht, scheinen meine Freunde in Gesellschaft erst richtig Energie zu tanken. Ihr Fundus an lustigen Anekdoten und erlebten Storys, die sie oft mit schauspielerischem Talent zum Besten geben, scheint unerschöpflich. Tito und Juan haben fast immer gute Laune, lachen viel und gern. Mir hingegen vergeht das Lachen nicht selten.

Daran ist aber nicht nur die nervtötende Enge auf dem Schiff Schuld, sondern auch die unerträgliche Hitze! Meistens sind wir in der tropischen Klimazone unterwegs. Die extrem hohe Luftfeuchtigkeit sorgt für schweißtreibende Unterhaltung zu fast jeder Tageszeit. Dazu muss man sich gar nicht bewegen – es reicht, einfach nur dazusitzen –, schon fließt der Schweiß in Strömen; innerhalb kurzer Zeit ist man klatschnass geschwitzt. Da unser Schiff über keine eigene Stromerzeugung verfügt, sucht man Klimaanlagen oder Ventilatoren an Bord vergeblich. Wer in den Genuss von kühlender Frischluft kommen will, muss sie sich selbst zufächeln. Oder auf den nächsten Tropensturm warten … Zu leicht und luftig sollte man sich allerdings auch nicht kleiden. Wer an Bord ständig im Strand-Outfit umherläuft, bereut das sehr schnell, denn die Gefahr eines deftigen Sonnenbrandes lauert ständig. In den ersten Wochen hatte ich mich manchmal am Heck des Schiffes unter ein Sonnendach gesetzt. Die Füße im Wasser baumeln lassen; die Seele im Nirgendwo – Entspannung pur. Dazu der Ausblick auf den breiten, gemächlich dahinfließenden Strom – so konnte man wirklich zur Ruhe kommen. Spätestens nachts war es mit der Ruhe dann allerdings vorbei: Ein heftiger Sonnenbrand zweiten Grades, inklusive Blasenbildung, mahnte mich auf überzeugende Weise, vorsichtiger zu sein. Im Schatten hatte ich mich sicher gefühlt. Dabei aber nicht daran gedacht, dass die im Licht gleißende Oberfläche des Wassers die Sonnenstrahlen wunderbar reflektiert. Auf diese Weise ist man auch im Schatten nicht sicher. Physikalisch leicht verständlich. Aber für Physik hatte ich schon während der Schulzeit nie eine besondere Leidenschaft entwickeln können …

Der Río Paraguay

Dieses tropische All-inclusive-Paket, bestehend aus lähmender Hitze, nervenstrapazierender Enge auf dem Schiff und einem Sprachengewirr aus Spanisch und Guaraní, bei dem ich oft nicht viel verstehe, macht mir in der ersten Zeit enorm zu schaffen. Meine Nerven liegen blank, ich fühle mich entmutigt und bin gereizt. Oft komme ich an die Grenzen meiner Belastbarkeit, körperlich und mental. Dabei wollte ich als Missionar ein Vorbild an Gelassenheit, Humor und Frohmut sein. Die harte Realität hat mich eingeholt und überholt. Die Dauerhitze hat meine edlen Ziele weichgekocht. Um durchzuhalten, muss ich nun vom Gute-Laune- in den Überlebensmodus schalten. Nicht selten flüchte ich aufs Oberdeck. Dort gibt es zwar für eine Weile Einsamkeit. Aber keinen Schatten! Und da ich den Trubel unter Deck einem Sonnenstich vorziehe, leiste ich meinen Freunden meist schon nach kurzer Zeit wieder Gesellschaft.

Immer wieder muss ich Gott um neue Energie bitten, dieses Abenteuer, das noch gar nicht richtig begonnen hat, durchzuhalten. Und irgendwie funktioniert es: Ich erlebe das Wunder, auch ohne Privatsphäre – unser unantastbares deutsches Kulturgut – glücklich zu sein. Die 24-Stunden-Gemeinschaft mit meinen Kollegen an Bord wird immer mehr zum Geschenk anstatt zur Strapaze. Die traumhafte Schönheit der Landschaft, in der wir unterwegs sind, und die Freude über Menschen, die durch die Kraft Gottes bleibend verändert werden, wiegen manches Schwierige auf. Das aufgeheizte Klima kühlt abends erstaunlicherweise fast immer so weit ab, dass wir gut schlafen können. Und wenn dann in der Dunkelheit durch unsere mit Metallgaze versehenen Fenster eine erfrischende Brise über unsere Köpfe streicht, denke ich: Wie glücklich kann ich mich schätzen, Teil dieses tollen Teams zu sein! Welches Privileg, diese Arbeit kennengelernt zu haben!

4.
Billardspielen und Beten

„Reinaldo, wir werden um Heilung für diese kranke Kind beten! Kannst du das gleich übernehmen?" Mit einem Lächeln schaut mich Pastor Juan, unser Teamleiter, an. Mir allerdings gefriert das Lächeln im Gesicht: Für Kranke beten? So spontan? Hier, am Rand des Urwaldes? Das hatte ich in meiner theologischen Ausbildung nie geübt. Als Bibelschüler hatten wir trainiert, das Neue Testament auf Griechisch zu lesen, den Lebenslauf Martin Luthers auswendig zu lernen und dogmatisch hieb- und stichfeste Predigen aufzuschreiben. Aber Kranken auf der grünen Wiese die Hände aufzulegen und für sie zu beten? Ganz sicher hatte ich diese Unterrichtseinheit damals verpasst... Doch zur gleichen Zeit spüre ich Freude darüber, dass ich mich nützlich machen kann. Augen zu, beten und durch! Von Paulus wissen wir: Unser Wissen ist bruchstückhaft. Mein Spanisch ist es auch. Und so bete ich kurzerhand auf Deutsch. Die etwa fünfjährige Luisa leidet an heftigem Durchfall. Ich bitte Gott mit einfachen Worten, sie von diesem Leiden zu befreien. Als ich die Augen öffne, blicke ich in die erstaunten Gesichter der Eltern. Mein Gebet, in einer für sie unverständlichen Sprache, hat offensichtlich schweren Eindruck hinterlassen. Wahrscheinlich halten die Leute dieses Reden in einer fremden Sprache für eine übernatürliche Gabe.

Wir ankern in der Nähe von Puerto Guarani

Bei unseren Einsätzen in den Dörfern am Fluss erleben wir es immer wieder: Menschen bitten uns darum, für die Heilung ihrer Krankheiten zu beten. Mitunter kommen sie dazu extra aufs Schiff und bitten uns, ihre kranken Angehörigen zuhause zu besuchen. Hier, mitten in der Wildnis, haben fast alle Leute eine Hängematte, ein paar Angelhaken und eine Machete; aber eine Krankenversicherungskarte wird man vergeblich suchen. Die Menschen sind ganz auf sich gestellt. Um zum nächsten Krankenhaus zu gelangen, muss man oft lange Strecken mit dem Boot fahren. Oder wie es eine Paraguayerin mir gegenüber einmal ausdrückte: „Ihr in Deutschland habt für alles eine Versicherung. Wir haben oft nur das Gebet!“ Damals hatte ich gesagt: „Da hast du wirklich recht!“ Und gedacht: „In dieser Hinsicht seid ihr Paraguayer reich. Und wir arm!“ Als Schiffsbesatzung der Misericordia II führen wir weder Apotheke noch Ärzte mit. Niemand von uns hat eine medizinische Ausbildung absolviert. So geht es uns oft wie den kranken Menschen, die wir besuchen: auch wir haben meistens keine anderen Rettungsanker als das Gebet.

Wieder einmal stelle ich ernüchtert fest, wie viel ich als Missionars-Novize noch lernen muss. Mit Tatendrang, Elan und diversen Berufsabschlüssen im Gepäck war ich in Südamerika gelandet. Hier wollte ich nun Gottes Reich bauen und den paraguayischen Geschwistern mit profunden Kenntnissen, mit Rat und Tat zur Seite stehen. Dass ich aber die wichtigsten Lektionen noch zu lernen hatte – das war mir neu. Höchste Zeit, dass mein zahmer Indoor-Glaube an die frische Luft kam. Raus aus der Komfortzone. Rein in die Lernzone.

Spektakuläre Heilungswunder ereignen sich bei unserem Dienst zwar nicht wie am Fließband. Aber immer wieder zeigt Gott seine erstaunliche Kraft, indem er Kranke von ihren Leiden befreit. Auch von scheinbar „unheilbaren“ Krankheiten. Dieses überraschende Handeln Gottes ist dann nicht selten der Türöffner, um Zugang zu den Menschen zu erhalten.

Puerto Guaraní: eine abgelegene Siedlung mitten im Chaco-Busch. Die meisten der Männer arbeiten in umliegenden Estancias oder bei der Rodung des Urwaldes. Einige jagen Krokodile, um ihre Häute zu verkaufen. Andere sind mit ihren Motorbooten unterwegs und werfen in den stillen Seitenarmen des Flusses ihre Fischernetze aus. Noch bevor wir mit unserem Schiff am Anleger von Puerto Guarani ankommen und den Anker auswerfen, haben wir unsere geistigen Muskeln strapaziert und intensiv nachgedacht. Die Frage lautete: *Wie könnte es uns gelingen, auch in dieser Siedlung eine christliche Zellgruppe zu gründen?* Da es noch keine Gemeinde gab, würde es ein echtes Pionier-Projekt werden. Ohne missionarischen Masterplan und ohne Strategie gingen wir an Land.

Sehr schnell erlebten wir jedoch, wie der himmlische Auftraggeber unsere Ankunft schon auf geniale Weise vorbereitet hatte. Im Fokus stand dabei eine Familie des Ortes. Sie betrieben die Billard-Bar *Buen Amigo*. Diese Art von Etablissement wird aber nicht nur zur sportlichen Ertüchtigung, sondern auch immer wieder gern für bierselige Besäufnisse genutzt. Dauerhafte gute Stimmung konnte bei Familie Gonzalez aber nicht aufkommen. Zu groß waren die Sorgen um ihre 20-jährige Tochter. Maribél litt an einer schweren Herzerkrankung. Ihre Eltern hatten schon zahlreiche Ärzte aufgesucht und dabei enorme Summen an Geld ausgegeben. Ohne Erfolg. Maribél war verzweifelt. Ihre Zukunft schien besiegelt. Es geschah dann in einem der Gottesdienste, die wir unter freiem Himmel durchführten: Gott berührte diese junge Frau mit seiner heilenden Kraft. Maribél war schlagartig gesund. Ihre Eltern konnten es kaum fassen. Dankbar und tief beeindruckt von diesem offensichtlichen Wunder, begann sich die Familie für die Botschaft der Bibel zu interessieren. Kurze Zeit später sagte Oscar, Maribéls Vater, zu uns: „Wenn ihr wollt, könnt ihr unsere Bar nutzen, um dort Bibelstunde zu halten!" Was für eine Hammernachricht! Es war kaum zu glauben, aber so real wie der blühende Zitronenbaum neben der Bar: Im Handumdrehen hatte Gott uns eine Tür geöffnet. Und so kam es, dass wir im Buen Amigo, zwischen Tresen und vier Billardtischen, an jedem Abend unseren evangelistischen „Bibeltreff" anboten. Das Angebot stieß auf Resonanz: zwischen fünfzehn und dreißig Leuten kamen täglich, um davon zu hören, was Jesus mit ihrem Leben zu tun hat.

Und dieser Jesus schrieb weiter Geschichte in Puerto Guaraní: Bald entstand eine kleine Gemeinde. Jemand spendete ein Grundstück, auf dem die Geschwister ein einfaches Gemeindehaus errichteten. Weitere Menschen kehrten um zu Gott. Drei Jahre später gründeten wir in Guaiaybi, einem Dorf im Inland Paraguays, umgeben von Ananas- und Bananenplantagen, eine Bibelschule. Edilson, Maribéls Bruder, gehörte zusammen mit zwei anderen Jugendlichen aus Puerto Guaraní zu den ersten Bibelschülern. Zu dritt hatten sie die mehrtägige Reise von tausend Kilometern per Schiff und Bus unternommen, um sich am *Instituto Biblico Integral* ausbilden zu lassen.

Jesus rief seine zwölf Jünger zusammen und gab ihnen die Kraft und die Vollmacht, alle Dämonen auszutreiben und Krankheiten zu heilen.

(Lukas 9,1)

5.

Pferdesalami in Santa Rosa

Wer als Tourist, Einwanderer oder Missionar in Paraguay eintrifft, hat gute Karten: Die natürliche Herzlichkeit der Menschen macht es ihm leicht, anzukommen, nicht nur mit seinen Koffern und Rucksäcken, sondern auch mit seinem Herzen. Die Gastfreundschaft, mit der viele Paraguayer ihre Häuser für Besucher öffnen, ist geradezu legendär. Man empfindet es als Ehre, Fremde zu empfangen. Anmelden müssen sich Besucher nicht. Fast immer lassen die Gastgeber alle Arbeit liegen und nehmen sich spontan Zeit für ihren Überraschungsbesuch. Von irgendwoher werden ein paar wackelige Holzstühle geholt und vor die Hütte oder in den Schatten des Mangobaumes gestellt. Dann erfolgt die obligatorische Einladung auf einen eisgekühlten Tereré, Paraguays Nationalgetränk.

Eine Praxis-Lektion der Extraklasse erlebte ich einmal als Jugendlicher. Während eines Freiwilligen-Dienstes – ebenfalls in Paraguay – kehrte ich aus der Hauptstadt Asunción zu meinem Einsatzort zurück – einer abgelegenen Missionsstation am Rande des Urwaldes. Die schweren Ersatzteile, die ich mitschleppte, dringend benötigt für die Reparatur unseres Toyota Bandeirante, zogen meinen Rucksack nach unten. Zur gleichen Zeit erfüll-

Felipe in Santa Rosa

ten sie mich aber mit Stolz: Ich war in einer wichtigen Mission unterwegs! Davon schien unser Busfahrer aber nicht besonders beeindruckt zu sein. Denn plötzlich, auf freier Strecke, verkündete er: „Alle aussteigen! Hier endet die Reise!"

Dauerregen hatte den rotbraunen Erdweg vor uns in eine malerische Seenlandschaft verwandelt. Der Fahrer versuchte gar nicht erst, sich durch den Schlamm zu wühlen. Aus Erfahrung wusste er: Hier ist die Messe gelesen! Jetzt musste jeder Passagier auf eigene Faust weiterkommen. Der Busfahrer wirkte entspannt. Ganz im Gegensatz zu mir: Wie sollte ich jetzt weiterkommen? Vor mir lagen vielleicht noch zwanzig Kilometer Erdstraße bis zum Ziel. Sollte ich mit meinem Ersatzteile-Rucksack etwa eine Wasserwanderung starten? „Mach' dir nichts draus! Komm mit zu mir!" José, der junge Mann, mit dem ich im Bus ein angeregtes Gespräch geführt hatte, lachte mich an. Spontan lud er mich ein, bei ihm zuhause, ganz in der Nähe, zu übernachten. Und so kam es, dass ich an diesem Abend bei einer wildfremden Familie an einem grob zusammengenagelten Holztisch saß und Abendbrot aß.

Dass José und seine Familie nicht im Luxus schwelgten, hatte ich schon von weitem bemerkt. Sie waren Campesinos und wohnten in einer Holzhütte, von der die Farbe abblätterte. Das Dach aus Eternit- und Wellblechplatten hatte auch schon bessere Zeiten gesehen. Und der schiefe Gartenzaun, an dem ein paar Latten fehlten, hätte deutschen Maßstäben von Präzision und Symmetrie niemals standgehalten. Die Leute besaßen nicht viel. Aber das Wenige teilten sie mit mir. Aufgetischt wurde Borí-Borí, die traditionelle Suppe mit walnussgroßen Maismehlklößchen und Käse. Bis spät in die Nacht saßen wir danach noch im Inneren der Hütte um ein gemütliches Holzfeuer und ließen den Matebecher kreisen. Zwei Hunde und eine Katze hatten sich zu uns gesellt. Später zeigte man mir meinen Schlafplatz – so als wäre es das Normalste von der Welt. Am nächsten Tag half mir mein neuer Freund dann doch noch, mein Ziel zu erreichen. Und der zweite Tag meiner Reise verlief nicht weniger abenteuerlich als der erste. Der Busfahrer von gestern hatte uns samt Gepäck an die frische Luft gesetzt. Er stand uns mit seinem fahrbaren Untersatz nicht mehr zur Verfügung. Dafür hatte heute José sein Pferd gesattelt: „Steig auf!", rief er mir zu, „du kannst doch sicher reiten?"

Ich tat so, als hätte ich die Frage überhört, und schwang mich auf den Hengst. Zu zweit auf einem Pferd trabten wir durch die regennasse Landschaft. Ohne Zweifel: Solche Erlebnisse konnte kein Tourist bei keinem Reiseveranstalter buchen. Auch nicht mit der wildesten Treckingtour. So etwas gab es nur live zu erleben. Und völlig ungeplant. Später nahm ich in meinen Vorträgen über Paraguay oft Bezug auf diesen kulturellen Schatz: „Im Inneren dieses faszinierenden Landes gibt es unzählige versteckte, traumhafte Winkel. Aber das Beste an Paraguay sind seine Menschen: fröhlich, unbekümmert, herzlich."

Nach einem kurzen Ritt meinte José, dass wir nun mit einem Ruderboot weiterfahren müssten, da der Weg immer noch unter Wasser stehen würde. Gesagt, getan. Mittlerweile überraschte mich nichts mehr. Anschließend stieg ich noch auf einen Ochsenkarren um und danach auf einen Traktor. Überall traf ich hilfsbereite Leute. Sie alle schienen sich über meine Begleitung zu freuen. Die letzten Kilometer bis zur Missionsstation legte ich dann noch zu Fuß zurück. Der Rucksack drückte auf meinen Schultern. Der Schlamm schmatzte unter meinen Sohlen und ich verspürte eine tiefe Dankbarkeit: „Danke Vater, für deine Freundlichkeit und Hilfe! Danke für diese unvergesslichen Erlebnisse!" Der rote Erdweg, auf dem unser Bus damals kapitulierte, ist inzwischen längst asphaltiert. José habe ich nie wiedergesehen. Aber die Lektion, die er mir in Sachen Gastfreundschaft vermittelt hat, bleibt unvergesslich.

Seit gestern ankern wir mit der Misericordia II vor einem verträumten Dorf namens Santa Rosa. Auch hier leben die meisten Einwohner vom Fischfang. Obwohl der Ort nur wenige Kilometer flussabwärts der alten Kolonialstadt Concepcion liegt, kommt man sich vor, als wäre man mitten im Dschungel gestrandet. Das Ambiente verströmt einen eigenartigen Zauber. Sofort fühle ich mich wohl. In den Wipfeln der Bäume krächzen Schwärme von gelb-grünen Papageien und ein Tukan. Palmen säumen den kleinen Strand. Die wenigen Hütten verstecken sich hinter dichter Vegetation, die in allen erdenklichen Grün-Nuancen leuchtet. Vor etwa einem Jahr hatten die Schiffsmissionare hier zum ersten Mal das Festland betreten. Schon nach der ersten Predigt hatten sich mehrere Zuhörer entschieden, Jesus zu folgen. Das Interesse für die biblische Botschaft stieß auf große Resonanz. Juan, dem Kapitän, war klar: Wenn dieses Start-Up weiter wachsen sollte, dann brauchen die einheimischen Christen Starthilfe. Unterstützung musste her! Idealerweise in Person eines Lehrers, der mit den Leuten sein Leben und seine Erfahrung teilen würde – wenigstens einige Monate lang.

Juans Wahl fiel auf Jeremias, einen Jugendlichen, der als Helfer zur Schiffsbesatzung gehörte. Später hörte ich seine Geschichte: Jeremias hatte die Herausforderung, in diesem kleinen Fischerdorf zu bleiben, unter Tränen angenommen. Es war ihm sehr schwergefallen, sich auf dieses Abenteuer einzulassen. Ohne

Taufe im Fluss

Ausbildung, ohne Begleitung, mit nur wenig Erfahrung. Aber er hatte deutlich gespürt, wie Gott ihn ermutigt hatte, dieses Risiko einzugehen. So hatte er seinen Rucksack gepackt, mit den wenigen Kleidungsstücken, die ihm gehörten. Er verließ das Schiff, um in Santa Rosa als Missionar zu leben und zu arbeiten und die Menschen im Einmaleins des christlichen Glaubens zu trainieren. Allem Anschein nach schien er eine hervorragende Arbeit geleistet zu haben. Die kleine Gruppe der ersten Christen war innerhalb kurzer Zeit zu einer Gemeinde von 15–20 Personen angewachsen. Und – wie fast überall in Paraguay – bestand sie mindestens zur Hälfte aus Kindern und Teenagern. Erst gestern, am Sonntagvormittag, hatten wir wieder einen Taufgottesdienst am Flussufer gefeiert: Insgesamt siebzehn Leute, die meisten davon Jugendliche, aber auch einige Ehepaare und eine komplette Familie, hatten sich zu diesem Schritt entschieden. Für ein kleines Fischerdorf wie Santa Rosa war das eine erstaunlich große Anzahl.

Jeremias, der Lockenkopf, und ich, mit eher überschaubarer Haarpracht, freundeten uns gleich beim ersten Kennenlernen an. Wenn wir gemeinsam im Dorf unterwegs waren, um „Hausbesuche“ zu machen, wurde es nie langweilig. Jeremias zeigte auf Gegenstände und fragte mich, wie man diese auf Deutsch ausspricht. Im Gegenzug brachte er mir Guaraní-Vokabeln bei. Bei unseren Versuchen, die Worte in der uns jeweils fremden Sprache auszusprechen, kam stets Heiterkeit auf. Diesen Spaß beim Fremdsprache-Lernen hatte ich im Russisch-Unterricht, damals in der ehemaligen DDR, nie erlebt. Vielleicht weil meine Lehrerin nicht halb so sympathisch wie Jeremias war ...

Heute wollte mich Jeremias einer befreundeten Familie vorstellen. Ich sah dem Besuch mit Spannung entgegen. Die mit Bambus gedeckte Holzhütte, in der Emiliano und Franziska mit ihrer Kinder- und Enkelschar wohnten, war für die große Familie eigentlich viel zu klein. Der Fußboden bestand aus festgestampfter Erde; die Fenster aus Brettern, die man mit Scharnieren tagsüber auf- und in der Nacht zuklappen konnte. Die ganze Familie hatte sich versammelt. Alle redeten auf Guaraní fröhlich und laut durcheinander. Ich verstand kein Wort. Das Moskitonetz, das von der Decke hing, war hier in der Nähe des Flusses überlebenswichtig. Viele Details dieses Besuches habe ich längst vergessen. Nicht aber die Gastfreundschaft dieser liebenswerten Menschen. Vielleicht war ich der erste Besucher aus Deutschland, der in ihr Dorf gekommen war. Dieser feierliche Moment musste mit einem besonderen Leckerbissen für den Gast gewürdigt werden!

„Eguapý!“ – „Setz dich!“ Gehorsam nehme ich Platz. Gleich würde sich auch die Familie rund um den Esstisch versammeln. Aber niemand setzt sich. Alle schauen mich erwartungsfroh an. Dann wird mir auf einem Blechteller, der mit bunten Emaille-Blumen verziert ist, auch schon die Begrüßungsmahlzeit serviert: Es ist ein riesiges Stück einer Art Mortadella. „Saláme“ nennen es die Leute. Die intensive erdbeerrote Farbe ist allerdings das einzige, was es mit einer Salami gemeinsam hat. Mir werden Messer und Gabel gereicht und schon kann es losgehen: „Buen Apetito!" Vorsichtig beginne ich, an der gigantischen Wurstscheibe herumzusäbeln. Der Geschmack ist undefinierbar. Später erzählt mir Juan, dass es ganz in der Nähe, am Concepcioner Hafen, einen Schlachthof gäbe, der altersschwache Pferde und Esel, die als Zugtiere nicht mehr taugten, zu genau solcher Wurst verarbeiten würde. Ich bin Juan dankbar, dass er mich immer wieder mit echtem Insiderwissen versorgt. Dankbar bin ich auch dafür, dass ich dieses kulinarische Detail erst nach der Pferdesalami-Verkostung erfahren habe.

Schon nach wenigen Bissen verspüre ich ein intensives Sättigungsgefühl und strecke die Waffen. Ein wenig schäme ich mich dafür, dass mein Teller noch zu drei Viertel voll ist. Das wiederum scheint für meine Gastgeber kein Problem zu sein. Was der Besucher nicht geschafft hat, das erledigt dann die Familie. Weshalb sollte man die gute Mortadella in den Abfall werfen? Ich gebe zu: Nach einer dicken Scheibe Pferdewurst aus Concepcion stand mir bis heute nie wieder der Sinn. Aber von der Herzlichkeit meiner zahlreichen paraguayischen Gastgeber – davon kann ich mir immer neu eine echte Scheibe abschneiden.

6.

Invasion der Mango-Insel

E*inmaleins der spanischen Grammatik, Hablamos Español, Langenscheidts Verb-Tabellen* – spannende Reiselektüre trägt andere Titel. Verbissen vertiefe ich mich ins Vokabeln-Lernen, Aussprache-Üben, Texte-Übersetzen. Das Wörterbuch im Dauergebrauch ist zum vertrauten Klassiker geworden. Grund des intensiven Sprachstudiums: Juan hat entschieden, dass ich übermorgen meine erste Predigt halten werde – in Spanisch! Obwohl mich dieser Vertrauensbeweis freut, bin ich nervös. Es ist so ähnlich wie beim Zahnarzt: Was ist schlimmer, als keinen Termin zu erhalten? Einen für den nächsten Tag zu bekommen! Ich hoffe, dass die Einwohner von Santa Rosa vor meiner Predigtpremiere nicht ähnliche Gefühle spüren wie Zahnarztpatienten vor einer Wurzelbehandlung. Die Menschen hier wissen, dass ich erst vor Kurzem in Paraguay angekommen bin. Deshalb dürften die Erwartungen an meinen ersten Auftritt nicht besonders hoch sein. Das kommt mir entgegen. Trotzdem will ich mich gut vorbereiten.

Zum Gottesdienst, der wie meistens abends und unter freiem Himmel stattfindet, sind viele Dorfbewohner erschienen. Im Menschengedränge trete ich aus Versehen jemandem auf die Füße. Ich will mich entschuldigen, verwechsele aber die richtigen

Vokabeln. Statt: „Verzeihung!“, sage ich: „Sie gestatten?“ Irgendwann bin ich dran. Die Leute hören mit interessierten Gesichtern zu. Über meine fehlerhafte Aussprache und den starken Akzent scheint man großzügig hinwegzusehen. Manche der Zuhörer sitzen auf ihren mitgebrachten hölzernen Klappstühlen. Andere stehen. Wie es überall in Paraguay dazugehört, sind auch hier einige Hunde gekommen. Sie lieben die Gesellschaft ihrer zweibeinigen Gefährten. Ob sie meine Predigt lieben, daran habe ich Zweifel, denn die meisten der Hunde haben sich auf der warmen Erde ausgestreckt und sind eingeschlafen.

Ich kann es mir nicht leisten, wegzunicken. Im ersten Teil meiner Predigt habe ich aus meinem Leben erzählt und wie es dazu kam, dass ich als Missionar hier in diesem Fischerdorf gelandet bin. Jetzt zünde ich die zweite Stufe meiner Ansprache. Dazu habe ich eine Taschenlampe mitgebracht. Ich zeige sie den Leuten und schalte sie an. Aber sie leuchtet nicht. Mit übertriebener Mimik simuliere ich Erstaunen. Wo liegt der Fehler? Mit besorgter Miene schraube ich das Teil auseinander. Die Leute schauen gespannt zu. Ich komme mir vor wie ein drittklassiger Entertainer beim Kindergeburtstag. Aha – da liegt das Problem: Wo sich die zweite Batterie in der Leuchte befinden sollte, kommen Sand, trockenes Laub und kleine Steine zum Vorschein. Auch ein zusammengefaltetes Stück Papier, das sich als Geldschein entpuppt. Ein Raunen geht durch die Menge.

„Nur wenn sich kein Dreck und Unrat im Inneren der Lampe befindet, kann der Strom fließen“, erläutere ich. Dann leite ich über zur Praxislektion. In etwa so: „Unser Leben ist so ähnlich wie eine Taschenlampe. Wir sind geschaffen, um zu leuchten! Soweit die Theorie. Aber immer wieder gibt es Probleme: Schuld und Sünde verdrecken unser Herz. Liebe zum Geld, Egoismus und Neid unterbrechen den Kontakt zur Energiequelle. Die Folge: Gottes Kraft kann nicht durch uns fließen. Es bleibt dunkel. Kurzschluss statt Leuchtkraft. Deshalb: ‚Räumt auf in eurem Herzen! Werft den Müll raus und lasst Jesus rein! Lasst euer Licht leuchten!'"

Ich habe meinen Auftritt gut überstanden! Erleichtert atme ich tief durch. Auch freue ich mich, dass meine kleine Showeinlage funktioniert hat. Schon immer hat es mir Spaß gemacht, anschaulich zu predigen und dabei auch Gegenstände einzusetzen. Ob meine Botschaft angekommen ist? Wer in Santa Rosa in nächster Zeit eine Taschenlampe in die Hand nimmt, wird sich auf jeden Fall an die Kurzschluss-Predigt erinnern.

Als wir am nächsten Tag von Santa Rosa starten, haben wir nicht nur viele neue Eindrücke mit an Bord. Sondern auch ein neues Mitglied unserer Crew: Juvencio, ein neunzehnjähriger Jugendlicher, wird uns als Helfer einige Wochen begleiten. Vor uns liegt eine Missionstour, die zwei bis drei Monate in Anspruch nehmen wird. Bis wir wieder im Heimathafen in Concepcion eintreffen, werden wir etwa eintausend Flusskilometer zurückgelegt haben. Während ich in meinen Gedanken schon am nächsten Einsatzort bin, nähern wir uns der Puente Nanawa. Die riesige, bogenförmige Betonbrücke überspannt den Río Paraguay, der hier fast einen Kilometer breit ist. Sie verbindet den östlichen, kühleren Teil des Landes mit dem heißen, trockenen Chaco. Auf der Brücke, dreißig Meter über uns in luftiger Höhe, schleppt sich ein Viehtransporter mit Anhänger vorwärts. Am anderen Ufer befindet sich ein Schlachthof. Die Fahrt der Chaco-Rinder ist fast vorbei. Unsere hat gerade erst begonnen.

Drei Wochen später: Tito springt von der Reling an Land. Mit zwei Halteseilen, die er an Baumstämme bindet, sichert er unser Schiff. Spontan haben wir einen kurzen Zwischenstopp eingelegt – auf einer Insel! Ein Eiland, mitten im Fluss, das uns mit einer besonderen Rarität angelockt hat: Mangobäume voller reifer Früchte! Frisches Obst ist auf unseren Reisen Mangelware und so nutzen wir diese Gelegenheit. Die Insel ist unbewohnt. Die Bäume stehen angeordnet in einer Art Allee. Ohne Zweifel, jemand muss sie hier vor langer Zeit gepflanzt haben. Wir genießen die schattige Kühle unter den dichten Kronen der Bäume, die wie eine riesige grüne Kuppel fast die kleine Insel überwölben. Der sandige Boden ist übersät mit den gelb-roten Früchten. Außer uns interessieren sich auch unzählige Bienen für die süßen Snacks. Das stark zuckerhaltige Fruchtfleisch liefert ihnen wichtigen Treibstoff. Respektvoll halten wir Abstand. Ein zufälliger Tritt in eine der matschigen von Bienen belagerten Mangos könnte unvergessliche Folgen haben. Aber unser Interesse gilt den Früchten, die noch am Baum hängen. Im Handumdrehen haben wir zehn, fünfzehn Kilo davon geerntet. Glücklich über unsere Ausbeute kehren wir schwer beladen aufs Schiff zurück. Ohne Zeit zu verlieren, schnappen wir uns ein Messer, setzen uns ans Heck des Schiffes, lassen die Füße im Wasser baumeln und verspeisen eine der zuckersüßen Früchte nach der anderen. Wieder einmal sinnieren wir darüber, wie hilfreich es wäre, einen Kühlschrank zu besitzen: Dann wäre unser Obst- und Vitaminbedarf für die nächsten Tage abgesichert gewesen. So aber geht es uns wie dem Volk Israel auf seiner Wüstenwanderung: Dort das Manna, hier die Mangos! Ein paradiesisches Überangebot. Und schweißtreibende Hitze, an der alle Vorratswirtschaft scheitert. Aber ist nicht Gottes tägliche Fürsorge besser als jeder Kühlschrank? So freuen wir uns an dem, was Gott uns heute geschenkt

Anglerglück in Santa Rosa

hat. Und rechnen damit, morgen oder übermorgen an einer anderen Mango-Insel zu stranden.

Dass auf unseren himmlischen Auftraggeber Verlass ist, haben wir in den letzten drei Wochen immer wieder erlebt. Die Anwohner versorgen uns mit Lebensmitteln und Gott sorgt dafür, dass bei der Bewirtung keine Eintönigkeit aufkommt: An einem Ort schenkt man uns Apfelsinen und Süßkartoffeln, in anderen Dörfern werden wir mit einer Wildschweinkeule, Krokodilsteaks und einem Stück Hirschfleisch überrascht. Gestern Nachmittag sind Juan und Fidel selbst auf Jagd in den Urwald gegangen. Nach drei Stunden tauchten sie verschwitzt, von oben bis unten schlammverschmiert, wieder auf. In seinen Händen hielt Fidel triumphierend die Jagdbeute: einen erlegten Nasenbär. Man beschloss, ihn zu grillen. Meine Vorfreude auf diese exotische Mahlzeit hielt sich in Grenzen. Aber wir waren froh, überhaupt etwas zum Essen zu haben. Das katzengroße gegrillte Tier reichte dann kaum aus, um unsere hungrige Crew satt zu machen. Das Fleisch war fettarm, zäh, aber essbar. Es erinnerte im Geschmack an Kaninchen. Ein großer Freund von Nasenbär-Gerichten wird wohl nie aus mir werden … Heute war Juvencio als Küchenchef eingeteilt. Eine waschechte Premiere: Er hatte uns darüber informiert, dass in seiner Familie eigentlich die Frauen fürs Kochen zuständig seien. Aber das Leben an Bord der Misericordia II ist eben ein eigener Kosmos, mit eigenen Spielregeln. Hier wird jeder regelmäßig zum Küchendienst verdonnert. Es stellte sich dann auch schnell heraus, dass Juvencios kulinarischer Erfahrungshorizont sehr überschaubar war. Er bereitete ein Nudelgericht zu. Dabei ging er davon aus, dass Nudeln – je länger sie kochen – desto schmackhafter werden. Deshalb würde – so seine Theorie – eine sehr lange Kochzeit für das ultimative Geschmackserlebnis sorgen. So war es dann auch. Am Mittagstisch flachste Juan: „Oh, Überraschung – heute gibt es Nudelcreme!“

Wir brachen in Gelächter aus. Juvencio fand es gar nicht witzig und verzog keine Miene.

Die Hitze der letzten Tage ist wieder einmal unerträglich. Nur nachts, wenn eine frische Brise über das Wasser streicht, finden wir Abkühlung. Tagsüber träumen wir weder von Sonne, Strand und Palmen noch von idyllischen Badebuchten oder Ausflügen mit unserem Ruderboot – denn das alles gehört zum Alltag. Dafür malen wir uns in unserer Fantasie aus, wie es wäre, von einem Ventilator erfrischt zu werden oder eisgekühlte Getränke zu genießen. Vor kurzem sind wir in einem Dorf in der Mittagshitze von Haus zu Haus gegangen. Nicht um Traktate zu verteilen, sondern nur, um nach einem Stück Eis zu fragen, mit dem wir das lauwarme Wasser für unseren Tereré kühlen wollten. Die Bevölkerung hier am Fluss hat aber zur Zeit mit ganz anderen Problemen zu kämpfen. Die sengende Hitze und der seit Monaten ausbleibende Regen haben die Erde ausgedörrt. Die Trockenheit nimmt täglich bedrohlichere Ausmaße an. Weideflächen sind von der Sonne verbrannt. Viele Rinder sind verendet. Die graue Erde ist zu einer rissigen, betonharten Masse erstarrt. Auch der Pegel des Flusses ist stark gesunken. Mit der steigenden Wassertemperatur sinkt der Sauerstoffgehalt. Algen vermehren sich. Auch die Fische kämpfen ums Überleben. Am Ufer wird gerade ein alter Mercedes-Tanklaster mit Flusswasser vollgepumpt. Ich erfahre, dass damit Dörfer versorgt werden, die bis zu fünfzig Kilometer von hier entfernt im Inneren der Chaco-Wildnis liegen. Wenn es hier nicht bald regnet, wird sich die Trockenheit zur Katastrophe ausweiten.

Er lässt die Wassertropfen aufsteigen; gereinigt gehen sie als Regen in die Flüsse nieder. Ja, aus den Wolken strömt der Regen, auf viele Menschen kommt er herab.

(Hiob 36,27–28)

7.

Crashkurs für Piranha-Angler

Frage: Was ist der wichtigste Teil einer Anglerausrüstung? Antwort: Lange Arme, um zeigen zu können: „So groooß war der Fisch …!" In dem Sinne war ich bestens vorbereitet, als ich an Bord der Misericordia II kam. Von Deutschland hatte ich einige Utensilien aus meiner Hobby-Angler-Vergangenheit mitgebracht: eine Glasfaser-Angelrute und die passende Rolle dazu. Schwimmer, Bleigewichte, künstliche Köder und Angelhaken verschiedener Größen. So malte ich mir in meiner Fantasie schon vorher aus, wie ich, angeltechnisch hochgerüstet, großkalibrige Fische aus dem Río Paraguay ziehen würde. Meine Kollegen würden sicher staunen über meine Fähigkeiten. Ich konnte es gar nicht erwarten, ihnen mit dem Schatz meiner Erfahrungen und meinem Equipment zur Seite zu stehen. Dass meine Angler-Karriere bisher eher bescheiden verlaufen war und mein letzter Fang schon einige Jahre zurück lag, behielt ich erst einmal für mich.

„Lasst uns angeln", meinte Juan eines Vormittags. Ich war sofort Feuer und Flamme – endlich war der Tag gekommen, an dem ich mit stolz geschwellter Brust meine Ausrüstung aus dem Koffer holen würde. Heute würde ich das erste Mal meine Angel in Südamerika auswerfen! Wie gut, dass ich nicht allein war. So konnten Tito und Juan mir dann helfen, meinen ersten großen Fisch an Bord zu hieven. Bevor es so weit war, war die Verwunderung jedoch erst einmal auf meiner Seite. Als ich sah, mit welchem Equipment meine beiden Kollegen angelten, kam ich aus dem Staunen nicht heraus: Ihre „Ausrüstung" bestand lediglich aus einem Holzbrettchen, auf das sie dicke Angelsehne, ähnlich einer Spindel, gewickelt hatten. Daran waren gigantische Haken befestigt. Ich schätzte, dass man damit auch einen Hammerhai oder einen Alligator an Land ziehen konnte. Nachdem der Köder am Haken befestigt war, flog die Schnur in hohem Bogen ins Wasser. Fertig! Keine Angelrute, keine Rolle, keine High-End-Ausrüstung! Und das sollte funktionieren?

Es funktionierte. Schon bald zog Juan seinen ersten Fang aus dem Wasser: ein stattlicher, vierzig Zentimeter langer Tres Puntos – eine Welsart, der drei seitliche schwarze Punkte ihren Namen gegeben haben. Tito zog nach: ein Patí hatte seinen Haken geschluckt und landete auf Deck. Der längliche karpfenartige Fisch hatte einen graphitgrauen, silbrigen Leib mit dunklen Flecken und am Maul lange Barteln. Es dauerte nicht lange, da zappelte ein Boga am Haken und noch ein Patí. Juan und Tito lachten fröhlich. „Das gibt eine herrliche Fischsuppe", schwärmte Juan in Erwartung des leckeren Abendessens. Meine Vorfreude auf diese Art Eintopf war eher gedämpft. Und meine Stimmung sank trotz der schweißtreibenden Außentemperaturen in Richtung Nullpunkt. Was war nur los mit meiner Angelausrüstung? Weshalb fingen die beiden Fische wie am Fließband und ich keinen einzigen?

Konnte es vielleicht sein, dass nicht ich hier der Experte war, sondern meine Begleiter? Konnte es vielleicht sein, dass ich als Missionar hier nicht der erfahrene Wissensvermittler war, dem man ehrfürchtig zuhörte, sondern ein Greenhorn und Anfänger, der bei seinen einheimischen Kollegen erst einmal in die Schule

Pastor Juan mit einem Surubí

gehen musste? Meine paraguayischen Freunde als meine Lehrmeister, von denen ich auf Augenhöhe unendlich viel lernen konnte? So hatte ich mir das nicht vorgestellt. Aber so langsam dämmerte mir, was ich hier an Bord in den nächsten Monaten am meisten brauchen würde: weder ultramoderne Angelausrüstung (lange Arme zum Darstellen des Fanges inbegriffen) noch profunden Erfahrungsschatz, um meine Freunde zu beeindrucken. Hier waren Tugenden wie Demut und Lernbereitschaft gefragt. Einen Experten in Theologie und Missionswissenschaften brauchten meine Kollegen hier an Bord ganz sicher nicht. Dafür aber einen Begleiter, der vor allem Mensch und Freund sein konnte. Missionare, die ihre Arbeit mit einem Überlegenheitsgefühl und Oberlehrermanieren begonnen hatten, konnten bei der einheimischen Bevölkerung nur selten punkten. Das hatte die Missionsgeschichte drastisch dokumentiert. Zeit nehmen, um zu beobachten, wahrzunehmen, zuzuhören, zu lernen – das kam besser an. Jetzt war ich derjenige, der aufpassen musste, durch merkwürdiges Verhalten nicht in die Falle zu tappen – bei Gesprächen, bei unseren Einsätzen und auch beim Angeln!

Dass ich überhaupt keinen Fang aus dem Wasser gezogen hatte, wollte ich aber nicht auf mir sitzen lassen. An einem der nächsten Tage probierte ich es wieder: Nachdem ich einen kleinen Köderfisch am Haken befestigt hatte, warf ich meine Angel aus. Und wartete. Jetzt konnte ich meinen Kollegen beweisen, dass deutsche Missionare nicht nur humorvolle, sympathische Weggefährten sein können, sondern auch erfolgreiche Angler. Die Stelle am Fluss, an der wir ankerten, erschien ideal, um den ganz großen Coup zu landen: Wir befanden uns mitten in der Wildnis, die Ufer von unberührtem Urwald gesäumt, weit und breit keine Zivilisation und das Wasser schien tief zu sein. Warum sollte ich hier nicht einen goldglänzenden Dorado, einen schmackhaften Drei-Kilo-Pacú oder einen meterlangen Surubí an den Haken bekommen? Positiv denken und optimistisch bleiben – die halbe Miete des erfolgreichen Sportanglers!

Plötzlich spürte ich ein heftiges Ziehen an der Angelsehne. Ohne Zweifel: etwas hatte angebissen! Mit einem Ruck zog ich die Angel zu mir. Der Fisch war dran – er hatte den Köder geschluckt. Sofort erhöhte sich mein Herzschlag. Eine Mischung von Glücksgefühl und Adrenalin – die nur Anglerkollegen aus eigener Erfahrung kennen – pulste durch meine Adern. Hektisch kurbelte ich an der Rolle und zog meine Beute Meter für Meter heran. Noch konnte ich den Fisch nicht sehen. Aber dem starken Zug zu urteilen, mit dem er versuchte, mir mit allen Kräften zu entkommen, schien es ein respektables Exemplar zu sein! Dann tauchte er auf – ein vielleicht 25 cm langer rundlicher Fisch mit silbrig-glänzenden Schuppen und einer rötlichen Unterseite. Für seine Größe entwickelte er eine beachtliche Kraft, mit der er energisch an der Angel zappelte. Sein Maul mit den scharfgezackten Zahnreihen schnappte wütend auf und zu. „Juan, Tito – kommt schnell! Ihr werdet nicht glauben, was ich gefangen habe!“

Den beiden würde vor Staunen der Mund offen stehen bleiben – war ich mir sicher. Stolz präsentierte ich meine Beute. Als meine Kollegen den zappelnden Fang an Deck liegen sahen, begannen sie zu lachen. Nicht besonders beeindruckt kommentierte Juan: „Schau mal einer an – unser Freund hat einen Piranha erwischt!" Seinem Gesichtsausdruck zu urteilen, schien solch ein Fang hier nicht gerade zu den Sternstunden eines Anglers zu gehören. Später sollte ich diese Lektion selbst noch lernen: Einen der gefräßigen, schwimmenden Räuber an den Haken zu bekommen, von denen es im Fluss in allen möglichen Größen nur so wimmelte – das war kein unvergessliches Highlight fürs Fotoalbum, sondern der Normalfall und lästige Begleiterscheinung, wenn man im Río Paraguay angelte. Aber trotzdem – meinen ersten „richtigen" selbstgeangelten Fisch werde ich nie vergessen, auch wenn es nur ein Piranha war. Und so ließ ich es mir auch nicht nehmen, Juan um ein Erinnerungsfoto von mir und meiner gefährlichen Beute am Haken zu bitten.

Noch am gleichen Tag lernte ich dann noch eine weitere interessante Lektion, diesmal aber nicht mit der Angelrute, sondern mit dem Kochlöffel in der Hand: Auf dem Speiseplan von Piranhas stehen mitunter zwar auch Vertreter der menschlichen Spezies, unvorsichtige Schwimmer zum Beispiel. Aber es funktioniert auch umgekehrt. Gut zubereitet, ist das feste, weiße Fleisch dieser berüchtigten Fische eine wahre Delikatesse. Im Ofen, mit Gemüse überbacken – oder als Filet in der Pfanne gebraten: Piranha, gut zubereitet, lässt Feinschmecker mit der Zunge schnalzen.

8.

Feuerprobe in San Lazaro

Das tropisch-heiße Klima in San Lazaro ist ideal, um Pampelmusen zu züchten. Aber nicht nur als Saftreservoir oder Vitamin-C-Spender werden die gelben, kugeligen Früchte eingesetzt, sondern mitunter auch zweckentfremdet als Wurfgeschosse. So geschehen, als die Schiffsmissionare zum ersten Mal in der stillen Lagune vor San Lazaro anlegten. Der Ort liegt auf einer Anhöhe, von der man einen imposanten Blick über die Flusslandschaft des Río Paraguay hat. Diesen strategischen Vorteil nutzten die Einwohner, um ihre Ablehnung gegenüber der Botschaft von Jesus handgreiflich auszudrücken. Ihr Benehmen war dabei wesentlich unheiliger als der edle Name ihres Ortes: Steine, Pampelmusen und faule Eier, begleitet von Flüchen und Kraftausdrücken, flogen von oben in Richtung der Missionare. Sofort war klar: ein herzlicher Willkommensgruß sieht anders aus. Nachts, während eines Gottesdienstes, kappte jemand heimlich die Haltetaue des Schiffes. Aber von diesen und anderen Attacken ließen sich die Besucher nicht so schnell einschüchtern. Tagsüber besuchten sie die Leute in ihren Häusern, die bereit waren, ihnen zuzuhören. Juan, der zum Team dieser Pioniermissionare gehört hatte, erinnert sich: „Als wir hier ankamen, war San Lazaro eine Stadt, in der Zauberei, okkulte Praktiken und satanische Rituale an der Tagesordnung waren. Auch wenn es unglaublich klingt, aber manche trieben es so weit, dass sie mit schwarzer Magie und Macumba-Ritualen Menschen töteten."

Ein besonders berüchtigter Zauberer, dessen Dienste man gern in Anspruch nahm, hieß Carlos del Monte. Er war ein stadtbekannter Spiritist und Macumbero, der mit okkulten Kräften viele Wunder vollbrachte. Als Juan und seine Frau Rossana begannen, in San Lazaro missionarisch zu arbeiten, stießen sie bei den Erwachsenen auf eine Mauer eiskalter Ablehnung. Daraufhin änderten sie ihre Strategie und wendeten sich besonders den Kindern zu. Diese hörten den Geschichten aus der Bibel interessiert zu. Das Licht der Guten Nachricht brach sich Bahn inmitten der geistlichen Dunkelheit. Unter den Menschen, die sich für Jesus öffneten, war auch Carlos del Monte. Nach seiner Hinwendung zu Christus lebte er zwar nur noch kurze Zeit. Aber das Zeugnis von seiner Bekehrung war Stadtgespräch und hatte durchschlagende Wirkung für das junge, umkämpfte Gemeindegründungs-Projekt. Seine radikale Kehrtwende, hin zu Jesus, hinterließ einen tiefen Eindruck bei vielen. Sie öffnete auch die Tür, um einen Hauskreis zu gründen.

San Lazaro war eine Festung der Finsternis gewesen. Die Missionare erlebten Hass und Häme, jede Menge Zurückweisung, Herzen aus Stein und offene Feindschaft. Die Widerstände waren enorm. Aber auch die Gnade Gottes. Der gegründete Hauskreis erlebte stetiges Wachstum. Heute gibt es in San Lazaro eine kleine Gemeinde mit einem schicken eigenen Gebäude.

Aber nicht nur für seine saftig-süßen Pampelmusen und für die noch junge evangelische Gemeinde ist San Lazaro bekannt. Die Landschaft am Ufer ist geprägt von zahlreichen Kalkbrennereien. Die viereckigen Türme der Brennöfen ragen fünf, sechs Meter in die Höhe. Sie sind aus rohen Feldsteinen gemauert und sehen aus wie Reste einer mittelalterlichen Festungsanlage. Die

Kalkbrennerei in San Lazaro

Umgebung von San Lazaro ist reich an Kalkstein, der oft mit Booten zu den Brennereien transportiert wird.

Da erst abends wieder ein Gottesdienst geplant ist, haben wir heute Vormittag frei. Mit Tito bin ich unterwegs, um eine Kalkbrennerei zu besichtigen. „Hola, que tal!“, begrüßen wir die Arbeiter. Es ist heiß, die Männer arbeiten mit freiem Oberkörper. Ihre Gesichter sind rußverschmiert. Sie lachen und sind bester Laune, wie die meisten Menschen in Paraguay. Dann erklärt uns Marcelo, wie die Brennerei funktioniert. Zuerst wird der Kalkstein – dunkelgraue Gesteinsbrocken – in eine eiserne Schubkarre geladen. Mein Blick streift die große Karre. Mir fällt auf, dass sie nur ein Eisenrad ohne Reifen hat. Sie könnte auch eine Leihgabe des Museums für prähistorische Transportmittel sein. Aber auch sonst scheint es hier eher brachial zuzugehen. Beim nächsten Arbeitsschritt muss die beladene Karre dann über eine steile Rampe nach oben zum Schlund des Ofens bugsiert werden. In schwindelerregender Höhe sollte man auf dem schmalen Steg auf keinen Fall die Balance verlieren. Denn auf beiden Seiten gähnt

In der Kalkbrennerei

der Abgrund. Deshalb sollte man weiterhin – einmal in Fahrt mit der zentnerschweren Karre – erst kurz vor der Öffnung des Ofens stoppen. Dabei ist es dann von Vorteil, den Bremsvorgang nicht zu spät einzuleiten, um nur die Karre zu leeren und nicht selbst im Ofen zu landen.

Diese Männer haben meinen ehrlichen Respekt. Nicht einen halben Tag lang möchte ich hier arbeiten. Ich erinnere mich an meine Berufsausbildung zum Schlosser in einem Landwirtschaftsbetrieb. Auch das war kein Kuraufenthalt. Mitunter mussten wir im Winter zu Einsätzen in Viehställen ausrücken: bei Eiseskälte und Gestank, im Matsch stehend, hantierten wir dann mit Brechstange, Fünf-Kilo-Hammer und Schneidbrenner, um Vorrichtungen zur Fütterung oder Entmistung zu reparieren. Diese Havarie-Einsätze habe ich danach nie vermisst. Aber im Vergleich zu dem, was diese wackeren Brennofen-Männer Tag für Tag leisten, waren das bei uns eher Entspannungsübungen. „Nach einem Arbeitstag hier am Ofen“, erklärt einer der Männer augenzwinkernd, „bist du so platt, dass dann, wenn du abends nach Hause kommst, mit der Ehefrau im Bett nur noch tote Hose ist.“ Aha.

Bevor das Kopfkino anspringt, schaue ich wieder zum steinernen Ofen-Turm. Das Befüllen dauert mehrere Stunden, erzählt Felipe, ein junger Arbeiter mit mehreren Zahnlücken und muskulösem Oberkörper. Abwechselnd schütten die Männer dann Kalkstein und Feuerholz hinein. Schicht um Schicht. Bis der Schlot gefüllt ist. Dann wird das Holz entzündet und die Mischung brennt vor sich hin. In der Dunkelheit beleuchten die Flammen, die dann aus der Öffnung des Ofens schlagen, gespenstisch den Nachthimmel. Im Ofen müssen Temperaturen von mindestens eintausend Grad entstehen. Erst dann findet die chemische Reaktion statt. Der beißende Qualm, den der Brennofen unentwegt ausspuckt, zieht durch die Landschaft und tränt in den Augen. Aber er vertreibt auch die Moskitos. Die stechenden Plagegeister scheinen hier am Brennofen kein Thema zu sein! Arbeitsschutz auch nicht: Ohne Handschuhe und mit ausgetretenen Badeschlappen an den Füßen hantieren die Männer mit schweren Gesteinsbrocken, Schaufel und Schubkarre. „Dann, nach zehn Stunden“, berichtet Felipe weiter, „ist der Brennvorgang beendet. Und wenn alles abgekühlt ist, öffnen wir den Ofen. Unten können wir dann den gebrannten Kalk entnehmen.“ Die dunkelgrauen Steine haben sich durch die extreme Hitze in ein weißes Pulver verwandelt: Branntkalk. Der wird gemahlen, in Plastiksäcke gefüllt und fertig! Wir sind beeindruckt. Mit einem Händedruck bedanken wir uns bei Felipe und seinen Kameraden für diesen interessanten Vortrag.

Später, bei einem Gottesdienst irgendwo am Fluss, predige ich darüber, wie Gott unseren Charakter formt. Dabei erzähle ich vom Brennofen in San Lazaro: die Hitze muss sein! Ohne Feuer und Hitze keine Verwandlung! Das Feuer zerstört den Stein nicht, es wandelt ihn aber um und gibt ihm einen neuen Einsatzbereich. Aus den dunkelgrauen, scheinbar nutzlosen Steinen entsteht ein wertvolles Baumaterial.

Manchmal muss uns Gott der Hitze von Krisen, Problemen und Schmerzen aussetzen. Brennofen-Zeiten sind alles andere als angenehm. Mit Vergnügen würden wir darauf verzichten. Aber für unser Wachsen und Reifen sind sie unverzichtbar. Was sich wie Zerstörung anfühlt, ist Veredelung! Mitunter haben wir den

Eindruck, dass unser Glaube im Feuer von Zweifel und Anfechtung dauerhaften Schaden nimmt. Und regelrecht verbrennt. Aber ohne Hitze geht es nicht. Im Brennofen unserer Schwierigkeiten und Kämpfe verwandelt uns Gott in das Bild seines Sohnes. In brauchbare, feuererprobte Diener und Dienerinnen. In starke Charaktere, die bereit sind für die nächste Mission.

Liebe Brüder und Schwestern! Betrachtet es als besonderen Grund zur Freude, wenn euer Glaube immer wieder hart auf die Probe gestellt wird. Ihr wisst doch, dass er durch solche Bewährungsproben fest und unerschütterlich wird.

(Jakobus 1,2–3)

9.

Drogen verteilen in Concepcion

No entiendo – que dijiste?“ „Ich hab’ nix verstanden – was hast du gesagt?“ Ein Satz, der in diesen Wochen fester Small-Talk-Bestandteil auf der Misericordia II geworden ist. Ausgesprochen meistens vom einzigen Ausländer an Bord. So herzlich mich meine paraguayischen Freunde auch aufgenommen haben, die Sprachbarriere bremst unsere Konversationen immer wieder aus. Spanisch und Guaraní – in Paraguay werden beide Sprachen offiziell als Amtssprachen geführt. Das stellt alle, die vorhaben, längere Zeit im Land zu bleiben, vor eine spannende Aufgabe: Sie müssen sich in beide Sprachen einfuchsen. Jedenfalls dann, wenn sie sich nicht nur irgendwie durchwursteln wollen, sondern dauerhaft gute Verständigung anpeilen. Obwohl es gerade bei Missionaren üblich ist, in der Startphase ihrer Arbeit erst einmal eine Sprachschule in ihrem neuen Einsatzland zu besuchen, habe ich darauf verzichtet. Meine Schule schwimmt auf dem Wasser, hat keinen Schuldirektor, keinen Stundenplan und keine Wandtafel. Und was mir am besten gefällt: Es werden keine Examen geschrieben. Meine Ausbilder heißen Tito und Juan. Sie haben nie an einem Lehrerseminar studiert. Aber sie verstehen es, mich mit Geduld und Humor in die Geheimnisse des Guaraní einzuführen. Besonders für Europäer ist das Erler-

Concepcion

nen dieser Sprache ein langer steiniger Weg, der vor allem zwei Tugenden erfordert: Ausdauer und die Fähigkeit, über sich selbst lachen zu können.

Das Aussprechen mancher gutturalen Laute, die in vielen Worten vorkommen, erfordert hartnäckiges Üben. Die Vokabel für Wasser ist ein simples „y" das wie ein kurzes Ächzen aus der Tiefe der Kehle kommt. Ein Freund erklärte mir dazu: „Das ist sehr praktisch: wenn sich jemand im Dschungel verirrt hat, am Verdursten ist, dann aber doch noch gefunden wird – kann er mit einem einzigen Laut ausdrücken, was er braucht: Wasser!" Diese Erklärung fand ich sehr originell. Auf die Erfahrung, selbst einmal in diese Lage zu geraten, würde ich jedoch gern verzichten. Ja, im Vergleich zu Guaraní ist mein autodidaktisches Spanisch-Studium, mit Wörterbüchern und Vokabelheft, ein Kindergeburtstag. Dafür erlebe ich bei meiner anstrengenden Entdeckungsreise ins Reich der Guaraní-Sprache so manche Überraschung. Ich lerne, dass einige Worte, die wir im Deutschen gebrauchen, ursprünglich aus dem Guarani stammen: Tapir, Jaguar, Ananas,

Maracuja und Piranha. Leider komme ich mit diesem Fünf-Vokabel-Fundus im täglichen Miteinander nicht sehr weit. Andere alltägliche Redewendungen lerne ich aber schnell, zum Beispiel: „Mba'eichapa?" („Wie geht's?") Diese Frage, die vielmehr eine Grußformel ist, wird immer mit „Iporánte" beantwortet, was bedeutet: „Bestens!" Niemals gibt man hier eine ehrliche Auskunft über das wirkliche momentane Befinden. Auch wenn einem das Wasser bis zum Hals steht, man sterbenskrank oder aufgrund krasser Probleme gerade am Durchdrehen ist. Wenn man mit „Mba'eichapa?" begrüßt wird, heißt die einzig richtige Antwort: „Mir geht es bestens!"

Aber auch andere Worte lerne ich schnell. Mit besonderer Motivation praktiziere ich die Redewendungen, die hier – bei meinem täglichen Überlebenskampf in der tropischen Wildnis – das Prädikat „besonders wertvoll" erhalten: „Che vare'á!" („Ich habe Hunger!") „Che kane'ó!" („Ich bin müde!") „Haku cheve." („Ich schwitze.") Immer wieder auch begleitet von einem frustrierten: „Che ndaikuai!" („Ich habe nix verstanden!")

Meine paraguayischen Kollegen sind begeistert. Jede neue Guaraní-Vokabel aus meinem Mund wird gefeiert. Aber nicht immer ist man über meine sprachlichen Errungenschaften erfreut: An einem Vormittag besucht uns ein vielleicht zehnjähriger Junge auf dem Schiff. Im Schlepptau hat er einen kleinen zotteligen Hund. Das ist meine Chance! Jetzt kann ich einige Worte auszuprobieren, die ich gerade erst gelernt habe. Freundlich frage ich ihn auf Guaraní: „Ist das dein Hund?" Die Antwort fällt nicht besonders liebevoll aus. Zwar verstehe ich sie nicht, aber das ganz und gar nicht freundliche Gesicht des Jungen lässt keinen Raum für Zweifel. Ich bin verwirrt. Tito hingegen, der alles mitangehört hat, amüsiert sich. Später klärt er mich auf: Du hast da einige Worte verwechselt! Statt: „Ist das dein Hund?" hast du den Jungen gefragt: „Bist du ein Hund?" Aha! Sicher bin ich mir nicht, ob ich mit meinem interkulturellen Annäherungsversuch wirklich die Sympathie dieses Jungen erobern konnte. Und wahrscheinlich hält er deutschen Humor für nicht besonders witzig. Aber auf jeden Fall habe ich dazugelernt.

Nach Pleiten dieser Art bin ich stets erleichtert, dass ich mich auf Spanisch wesentlich besser verständigen kann. Mittlerweile beherrsche ich diese Sprache recht gut. Aber auch hier lauern tückische Fallen. Immer wieder mal tappe ich in eine hinein. Das sorgt dann für Erheiterung – bei meinen paraguayischen Freunden. So wie in Concepcion. Die Antriebswelle unserer Schiffsschraube macht Probleme. Ich baue das beschädigte Teil aus. Es muss in einer Werkstatt aufgearbeitet werden. Dabei komme ich mit einem Mechaniker ins Gespräch. „Als was arbeitest du?“, fragt er neugierig. Ich berichte von unserer Missionsarbeit. „Und was macht Ihr da so genau, als Missionare?“ Mit Stolz erwähne ich auch unser soziales Engagement: „Wir verteilen Kleidung an Bedürftige.“ Statt Anerkennung lese ich im Gesicht meines Gesprächspartners aber ungläubiges Staunen. Er scheint mir nicht zu glauben. Ich bin verunsichert: Was ist so komisch daran, Hosen, Jacken und Hemden zu verschenken? Schnell klärt sich das Missverständnis auf: Ich hatte mich undeutlich ausgedrückt und statt der spanischen Vokabel „ropas“ (Kleidung) hatte der Mechaniker „drogas“ (Drogen) verstanden. So hatte ich meinem Freund ein eher verzerrtes Bild unserer christlichen Sozialarbeit vermittelt… Unser Lachen hallt durch die Werkstatt.

Meine sprachliche Pannenliste wurde immer länger. Immer wieder sorgte ich mit meinem Kauderwelsch unfreiwillig für gute Unterhaltung. An einem Imbissstand verlangte ich zum Erstaunen des Verkäufers statt einem Wiener Würstchen einen Poncho. Auf dem Klamottenmarkt in Concepcion wollte ich neue Socken kaufen. Zu meiner Verwunderung rückte die Händlerin aber keine raus. Stattdessen zeigte sie freundlich auf den Kirchturm in der Nähe. Da ich aber gerade nicht zum Gottesdienst gehen wollte, sondern dringend Socken brauchte, blieb ich hartnäckig:

„Misa, por favor!“ Dann fiel der Groschen – bei mir. Statt Socken hatte ich eine „Katholische Messe“ verlangt ... Glücklicherweise verziehen mir meine Freunde diese Aussetzer großzügig. Mein Bonus als „Gringo“ und Sprach-Novize war wohl ziemlich hoch. Andererseits halfen mir diese lustigen Episoden dabei, durchzuhalten. Und auf dem steinigen Weg des Sprache-Lernens nicht frustriert aufzugeben. Zu den wichtigsten Tugenden eines Missionars gehören eben nicht nur Glaubensmut und Tapferkeit, sondern auch die Fähigkeit, sich selbst nicht allzu ernst zu nehmen.

Und immer wieder stellte ich fest, dass ich wohl nicht der einzige Ausländer war, der mit dieser Art von peinlichen Aussetzern zu kämpfen hatte. Felix, ein befreundeter Pastor, erzählte mir grinsend von einem Missionar aus Skandinavien, der in seiner Stadt lebte: Einmal war er angefragt worden, ob er bei der festlichen Einweihung eines neuen Hauses ein würdiges Gebet sprechen könne. Dieser Einladung kam er gern nach. Als es soweit war, legte er sich beim Beten mächtig ins Zeug. Eine seiner Bitten sollte wohl sein: „Herr, erleuchte dieses Haus!“ Leider unterlief ihm dabei ein folgenschwerer Fehler: Statt des richtigen spanischen Begriffes für „erleuchten“ („iluminar“) gebrauchte er das Wort „eliminar“. Damit bekam seine Bitte eine ganz neue Rich-

tung: „Herr, beseitige dieses Haus!" Die Anwesenden wunderten sich, erlebten aber, dass Gott in seiner Weisheit nicht alle Gebete erhört.

Ob es in irgendeinem Winkel dieser Welt eine Sprache gibt, die spielend zu erlernen ist, bezweifle ich. Aber es führt kein Weg dran vorbei: Wer die Herzen der Menschen erreichen will, mit denen er arbeiten möchte, muss ihre Sprache lernen. Wer dazu nicht bereit ist, zeigt damit nur, dass ihm diese Menschen nicht besonders wichtig sind. Bequeme Abkürzungen über Sprach-Computer und „Gebärdensprache mit Händen und Füßen" sind vielleicht eine Notlösung für durchreisende Touristen, aber keine Dauerlösung für Ausländer, die bleiben wollen. Für Missionare, die ihre zukünftige Arbeit auf der soliden Basis von guten Beziehungen bauen wollen, sind sie keine Option. Und die Investition an Fleiß, Disziplin und Ausdauer, die das Sprache-Lernen erfordert, lohnt sich. Die Wertschätzung der fremden Kultur, die ich damit ausdrücke, wird honoriert. Menschen nehmen mich ernst und hören mir zu, verstehen (meistens), was ich sagen will. Liebe in Aktion – dazu gehört eben nicht nur das Gebet für Kranke und das Verteilen von Hilfsgütern, sondern auch das gründliche Erlernen der fremden Sprache.

10.

Zwei Welse im Osternest

Z*ahn ziehen – 20 000 Guaranies.* Bei diesem Zahnarzt weiß man, woran man ist – er hat die Preise gleich an die Eingangstür seiner Praxis geschrieben. So erfahre ich, dass mir hier für umgerechnet drei Euro ein Zahn gezogen wird. *Ein echter Schnäppchenpreis!,* denke ich anerkennend. Trotzdem werde ich nicht schwach – meine Zähne sind in Ordnung. Seit vier Tagen ankert unser Schiff in einem kleinen Fischerdorf namens Carmelo Peralta. Der Ort ist nach einem legendären Kampfpiloten aus dem Chaco-Krieg benannt. Das Ambiente, das uns hier umgibt, steht aber in krassem Kontrast zu militärischem Drill, Kommandos und Soldaten. Carmelo Peralta wird auch das „Tor zum Pantanal" genannt. Und das nicht ohne Grund: Der elfenbeingelbe Sandstrand des Flusses wird von schattigen Mangobäumen gesäumt. In den Baumwipfeln lärmen grüngelbe Papageien. Die Blaustirnamazonen kreischen so lautstark, als gäbe es einen Wettbewerb zu gewinnen. Fischerboote aus Holz, von denen die Farbe längst abgeblättert ist, schaukeln im seichten Wasser. Postkartenidylle, soweit das Auge reicht. Wer Lust hat, kann als Tourist auf einer der klimatisierten Lanchas einen mehrtägigen Angelausflug buchen. Vollpension inbegriffen. Auch ein „Angelführer", der von sich behauptet, die besten Fischgründe

Idylle in Carmelo Peralta

zu kennen, ist bei diesen Touren mit von der Partie. Versicherung gegen Piranha-Bisse ist im Preis allerdings nicht enthalten. Mit etwas Glück kann man bei diesen Ausflügen auch schon mal einen Manguruyú von zwanzig Kilo oder mehr an den Haken bekommen. So, wie sich dieses Dorf heute präsentiert, hätte Carmelo Peralta die besten Chancen, es auf die Liste der „Unentdeckten Urlaubsparadiese" zu schaffen.

Mein derzeitiges Quartier hat aber wenig von einer Nobelherberge und wäre höchstens für durchreisende Rucksacktouristen interessant: für zwei Tage habe ich mich in der *Pensión Santo Domingo* eingemietet. Dabei handelt es sich um eine weiß angestrichene Bretterhütte, die zum Schutz vor Hochwasser auf Holzpfählen errichtet ist. Die Einrichtung besteht aus einer Schlafpritsche, Waschbecken, Tisch und Stuhl. Ist die Ausstattung meiner Urwald-Lodge auch bescheiden, entschädigt der Ausblick vom Balkon: Nur 50 Meter entfernt fließt der Río Paraguay. Am anderen Ufer sind die Häuser von Puerto Mortinho in Brasilien zu erkennen. Genau in der Mitte des Flusses liegt malerisch die Isla Margarita. Mit Traumstränden – wie ihre berühmte Namensvetterin in der Karibik – kann sie zwar nicht aufwarten. Aber ein Hingucker ist sie allemal: Die Karandaý-Palmen wiegen sich im Wind neben dem currygelben Flachbau der *Armada Paraguaya*, einem Militärposten, der den Schiffsverkehr kontrolliert. Noch bis morgen will ich hier oben, in luftiger Höhe, Quartier nehmen. Vor allem, um einen neuen Infobrief für meine Freunde in Deutschland zu schreiben. Dankbar genieße ich die zweitägige Einsamkeit. Und den Luxus einer Steckdose! Nach längerer Ruhepause kann ich mein Notebook mal wieder zum Leben erwecken.

Einige Tage später: Ostern unter tropischer Sonne. Beschauliche Feiertagsstimmung kommt bei mir heute allerdings keine auf: Ich habe Küchendienst! Von Relaxen am Traumstrand keine Spur. Auf dem Programm steht stattdessen: Mittagessen kochen. Und das am Ostersonntag. Ich mache mir keine Illusionen: Bei dem, was noch an Lebensmittelvorräten vorhanden ist, wartet auf uns statt eines üppigen Festbanketts wohl eher eine spartanische Diät-Mahlzeit… Oder was könnte man sonst noch aus einem Rest Reis, Zwiebeln und drei Knoblauchzehen kochen? Selbst ein Kochbuch für Vegetarier könnte hier kaum weiterhelfen. Dafür aber ein Gebet! Und so kommt es, dass ich, einem spontanen Impuls folgend, statt Gemüse zu putzen, erst einmal bete. In etwa so: „Vater im Himmel, du siehst, dass wir kaum noch Lebensmittel haben. Aber es ist Ostern! Dein großer Tag! Du kannst dafür sorgen, dass wir auch hier und heute ein leckeres Oster-Mittagessen erleben. Amen."

Später widme ich mich der wenig inspirierenden Aufgabe des Geschirrspülens. Plötzlich taucht eine ältere Frau neben unserem Schiff auf. Es ist Soledad, die Frau des lokalen Gemeindeleiters. Ohne lange Begrüßungsfloskeln – wie in Paraguay sonst üblich – kommt sie gleich zur Sache: „Ich habe hier zwei Welse, die mein Mann gefangen hat. Vielleicht könnt ihr sie für euer Mittagessen gebrauchen?“ Wer hätte das gedacht! Das Feiertagsbankett ist gerettet! Die befürchtete vegetarische Notmahlzeit können wir auf später verschieben. Die beiden Armados, südamerikanische Panzerwelse mit sehr schmackhaftem Fleisch, sind stattliche Exemplare. Zu Filets geschnitten, mit Zitrone, Salz und Knoblauch gewürzt, paniert und gebraten, würden sie auch in einem Feinschmecker-Restaurant für Begeisterung sorgen. Statt Fünf-Sterne-Küche können die Hobbyköche der Misericordia II zwar nur rustikale Hausmannskost vom Propangasherd bieten. Die Begeisterung darüber ist bei der Schiffsmannschaft aber mindestens genauso groß wie in einem angestammten Gourmet-Tempel.

Gott beantwortet Gebete. Das hatte ich schon oft erlebt. Nicht selten ganz direkt, handgreiflich und erstaunlich. Aber dass heute die Lösung unseres Versorgungsproblems so schnell vonstattenging, erfüllte mich mit tiefer Freude und Dankbarkeit. Unser himmlischer Versorger hatte einmal mehr überrascht. Auf geniale Weise und wahrscheinlich mit einem Augenzwinkern.

Danke, Vater, dass du dich so zuverlässig um uns kümmerst. Dass du unsere Bedürfnisse ganz genau kennst. Und unsere Gebete hörst. Danke, dass auch die kleinen Details unseres Lebens wichtig sind für dich! Danke, dass du uns nicht vergisst. Danke, dass du so gut zu uns bist!

11. Schiffe versenken

Schlecht geschlafen? Mit dem falschen Fuß aufgestanden? Spätfolgen eines Sonnenstiches? Als ich an diesem sonnigen Morgen aus meiner Koje aufstehe, merke ich sofort, dass heute irgendetwas anders ist als sonst. Irgendetwas ist ganz und gar nicht in Ordnung! Nur was?

Gestern Abend hatten wir unseren Anker in einem ruhigen Seitenarm des Flusses ausgeworfen. Weit entfernt von der nächsten menschlichen Siedlung. Das Wasser rings um unser Schiff ist von den allgegenwärtigen Aguapé umgeben – einer grasgrünen schwimmenden Wasserpflanze. Ihre Wurzeln bilden dicht verzweigte Büschel unter der Wasseroberfläche und dienen Fischen als Versteck. Aber auch Kaimane oder eine Boa lauern in der Deckung der Aguapé gern auf Beute. Von weither grollt das dumpfe Geschrei einer Horde Brüllaffen. Für Ahnungslose muss sich diese nervtötende Geräuschkulisse wie der Sound eines schlechten Horrorfilmes anhören. Unser Ankerplatz inmitten der tropischen, scheinbar unberührten Natur ist faszinierend. Locker könnte er es mit irgendeinem der Urlaubsparadiese aus Reisekatalogen aufnehmen. Außerdem ist er eine ideale Location, um unsere Angeln auszuwerfen. Hier könnten wir im Handumdrehen eine leckere Mittagsmahlzeit an den Haken bekommen. Das, was sich allerdings gleich ereignete, sollte uns den Appetit restlos verderben.

Was war nur los mit mir an diesem Morgen? War ich über Nacht seekrank geworden? Spielte mein Gleichgewichtssinn verrückt? Nein. Es war eindeutig das Schiff, das Probleme hatte! Ohne Zweifel – die Misericordia II lag eigenartig schräg, mit Schlagseite, im Wasser. Es war keine Täuschung! Ich weckte Tito und Juvencio. Schlagartig waren alle hellwach. Was hatte unser Schiff dermaßen aus der Balance gebracht? Mit einer düsteren Vorahnung öffneten wir die Eisenluke zum Frachtraum und schauten hinunter. Augenblicklich schreckten wir zurück. Wir trauten unseren Augen kaum, denn was wir sahen, übertraf alle Befürchtungen:

Der Laderaum stand bedrohlich hoch unter Wasser! Ein paar Kartons, ein leerer Dieselkanister, unsere Gitarre und andere Gegenstände unserer Ausrüstung schwammen auf dem schmutzigen, öligen Wasser. Das strömte von außen unaufhörlich weiter in den Schiffsrumpf. An irgendeiner Stelle musste ein Leck sein. Panikstimmung pur! Bald würden wir sinken! Zwar hatte ich vor Jahren eine Ausbildung zum Rettungsschwimmer absolviert. Aber das beruhigte mich in diesen Sekunden nicht wirklich: In einer menschenleeren Wildnis, mit einem gesunkenen Schiff auf dem Grund eines südamerikanischen Flusses zu enden, umgeben von Piranhas und Yacarés – den Höhepunkt meiner Missionarslaufbahn hatte ich mir anders vorgestellt.

Rückblick: Ungefähr sechs Monate vorher hatte ich in Deutschland ein Flugzeug bestiegen. In meiner Tasche befand sich ein Ticket nach Asunción. In meiner Magengegend spürte ich ein flaues Gefühl. Das lag weniger an der Bordverpflegung, sondern vielmehr an einer Frage, die tief im hintersten Winkel meines Herzens an mir nagte: „War es eine gute Entscheidung gewesen, nach Paraguay als Missionar auszureisen?" Folgte ich wirklich einer übernatürlichen Berufung, oder war ich in die

Frachtverkehr auf dem Río Paraguay

Falle einer grandiosen Selbsttäuschung getappt? So ziemlich alles hatte ich in meiner sächsischen Heimat zurückgelassen: meine Familie und Freunde, eine sichere Arbeit, die mir Spaß gemacht hatte, eine geräumige Wohnung, meine Bibliothek, mein neues Fahrrad und mein altes Auto ...

„Tenemos que sacar el agua!“ („Das Wasser muss hier raus!“) Juvencios Schlachtruf holt mich aus meinen Tagträumen zurück in unsere feuchte Realität. „Alle verfügbaren Eimer her! Wer steigt in den Laderaum zum Wasserschöpfen?“ Im Handumdrehen bilden wir eine lebende Kette, an der wir die gefüllten Wassereimer weiterreichen bis aufs Deck, wo sie einer von uns in den Fluss ausleert. Wir arbeiten verbissen, mit dem Mut der Verzweiflung. Jetzt geht es nicht um körperliche Ertüchtigung, sondern um das Überleben unseres Schiffes. Und um unseres eigenes vielleicht auch. Wäre Wasserschöpfen eine olympische Disziplin – ohne Zweifel, wir würden an diesem Vormittag den Weltrekord brechen. Es ist uns egal, dass unsere Muskeln schmerzen, wir noch nicht einmal gefrühstückt haben und die Hitze uns den Schweiß aus allen Poren treibt. Nur nicht nachlassen! Nur nicht untergehen! Noch wissen wir nicht, wo das Leck ist. Aber wir wissen mit Sicherheit: Um eine Katastrophe abzuwenden, müssen wir schneller sein als das Wasser, das unaufhörlich weiter in den Schiffsrumpf eindringt. Nach einiger Zeit bemerken wir, dass der Wasserstand langsam sinkt. Zwar läuft an irgendeiner Stelle das Flusswasser weiter ins Schiff, aber wir können die Situation unter Kontrolle halten und uns nun auf die Suche nach dem Leck machen. Die pure Erleichterung steht uns ins Gesicht geschrieben! Nochmal gut gegangen. Unsere Rettungsaktion ist erfolgreich gewesen. Wir arbeiten weiter. Aber jetzt können wir einen Gang zurückschalten.

Wie konnte diese Havarie passieren? Während ich Eimer für Eimer fülle und an Tito weiterreiche, zerbreche ich mir den Kopf über diese Frage! Waren wir nachts, während wir schliefen, auf einen Felsen aufgelaufen? Oder auf ein versunkenes Schiffswrack? Waren wir mit einem großen Stück Treibholz kollidiert? Aber vom Lärm eines solchen Zusammenstoßes wären wir aufgewacht!

Inzwischen haben wir mit unserer „schöpferischen Tätigkeit" fast den Boden des Laderaumes erreicht. Nur noch knöcheltief wate ich im Wasser. Mein prüfender Blick streift die Schiffswelle aus Stahl. Doch was ist das? Ich erstarre. Ganz hinten am Heck, wo die Welle durch die stählerne Außenhaut des Schiffes stößt und die Schiffsschraube trägt, sehe ich etwas liegen. Zwei kleine, unauffällige Teile nur, aber ich weiß sofort, um was es sich handelt. Es sind zwei Muttern, mit denen normalerweise eine Dichtung auf der Welle befestigt ist. Diese wiederum verhindert, dass Flusswasser von außen in den Laderaum eindringt. Gestern erst hatte ich diese Dichtung bei einer Reparatur auseinander gebaut. Jetzt muss man aber kein technisches Genie mit Hochbegabung sein, um zu verstehen, was passiert ist: Da die Eisenmuttern nicht an dem Platz sind, wo sie sein sollten – auf der Dichtung, ist das

Flusswasser jetzt dort, wo es nicht sein sollte – im Laderaum. Obwohl diese Feststellung einer bestechenden Logik entspringt, ziehe ich es vor, meine Kameraden vorerst nicht über meine Entdeckung zu informieren. Schließlich hatten sie gestern gesehen, wer von uns die erwähnte Reparatur ausgeführt hatte.

Ich weiß nicht, ob ich jetzt laut lachen, schreien oder einfach nur ungläubig den Kopf schütteln soll. Erleichterung, Fassungslosigkeit, ungläubiges Staunen! Es ist nicht zu fassen: Wer von uns allen ist hier der Schiffsmechaniker vom Dienst? Wer von uns allen hat als einziger einen Facharbeiterbrief als „Instandhaltungsmechaniker"? Wer von uns allen ist als Missionar nach Paraguay gekommen, um den Menschen zu helfen? Und wer von uns allen hatte beinahe eine ahnungslose Besatzung samt Schiff im Río Paraguay versenkt? Die Antwort ist immer gleich. Und lautet immer: Ich.

Über diese Episode würde ich mit Sicherheit nicht in meinem nächsten Rundbrief berichten. Aber die Lektion bleibt unvergesslich: Gottes Gnade strahlt hell über unserem Leben auf. Nicht so sehr in unseren Sternstunden, wenn wir Erfolge feiern, mit unseren Talenten glänzen und andere uns Beifall klatschen. Sondern gerade dann, wenn wir versagen. Wenn uns Fehler unterlaufen, die uns die Schamröte ins Gesicht treiben. Wenn wir die Kontrolle verlieren und nur noch beten können: „Vater, lass uns jetzt nicht im Stich! Lass uns jetzt nicht untergehen!" Und vielleicht sind das unsere wahren Sternstunden, wenn wir staunend entdecken: Meine Schnitzer, Pleiten und Pannen sind für Gott kein Hindernis. Ganz im Gegenteil, sie sind der dunkle Hintergrund, auf dem seine Gnade umso heller leuchtet.

12.

Schlangenpredigt ohne Tanzeinlage

Es war ein spontaner Entschluss gewesen: Auf unserer Reise zum nächsten Einsatzort Puerto Pinasco haben wir uns kurzerhand für einen Abstecher entschieden – nach Güyra-ti. Der skurrile Name, der soviel wie Schnabel des Vogels bedeutet, scheint auf den ersten Blick auch schon das Unterhaltsamste an dieser Siedlung zu sein. An einer schmutzigen, baumlosen Lagune gelegen, sieht sie von weitem wenig einladend aus. Vom Urwald ist hier weit und breit nichts übriggeblieben. Das Einzige, das noch daran erinnert, sind die mannshohen Stapel zersägter Palmenstämme, die in meterlangen Stücken am Hafen aufgeschichtet sind. Manche der Scheite sind halbverkohlt. Spuren der Brandrodung, mit denen man den dschungelartigen Chaco-Busch beseitigt hat, um freie Flächen für Viehweiden zu schaffen. Die Skyline von Güyra-ti wird von den zwei steinernen Schloten einer Kalkfabrik dominiert. Aus ihnen steigt Tag und Nacht, scheinbar schon seit Ewigkeiten, brauner Qualm empor und verpestet die Umgebung mit beißendem Gestank. Neben den Schornsteinen kauert ein länglicher Ziegelbau. Das verbeulte Blechdach ist mit einer schneeweißen Kalkschicht bedeckt. Wären wir nicht in den Tropen unterwegs, könnte man denken, es hätte gerade geschneit. Ein dunkelbrauner Hund sucht in einem Abfallhaufen an der Bootsanlegestelle nach Essensresten. Mit seinen übergroßen Ohren, dem hinterhältigen Grinsen in den Augen und den schwarzen Streifen auf dem Rücken sieht er aus wie eine Hyäne, die sich auf den falschen Kontinent verlaufen hat. Durch die Haut zeichnen sich seine Rippen ab. Streicheleinheiten bekommt er von mir ganz sicher nicht. Aber darauf ist er auch nicht aus.

Da die Misericordia II hier bisher nur selten ihren Anker ausgeworfen hat, ist unsere Ankunft eine interessante Abwechslung. Besonders für die Halbwüchsigen. Wie überall in Paraguay, ist auch Güyra-ti voller Kinder. Fröhlich lärmend ziehen sie durch die Gegend. Sie spielen Fußball auf der Straße, schießen mit Holzstöcken die reifen Guaven-Früchte von einem Baum und versuchen, sich am Bootsanleger ein bisschen Geld zu verdienen. So wie Pedro: Er trägt eine Art Bauchladen vor sich her, der aus einem speckigen, rechteckigen Holzdeckel besteht, an dem mit Gummibändern Süßigkeiten befestigt sind: Kaugummis, Lollis und Keksrollen. Sein Kumpel bietet Empanadas aus einer schuhkartonförmigen Plastikbox an. Das wenige Geld, das die Kinder mit diesen Geschäften verdienen, müssen sie meistens zu Hause abgeben. Obwohl Kinderarbeit in Paraguay offiziell verboten ist, gehören sie fest ins Straßenbild: Kinder, die als Schuhputzer unterwegs sind, mit einem Eiswagen durch die Gegend ziehen oder mit einer Kühlbox, aus der sie Coca-Cola in Büchsen verkaufen. Wer es billiger haben will, kauft „Niko“ eine einheimische Limonadenmarke. Die bunten Plastikflaschen sind in den Geschmacksrichtungen „Ananas“, „Pampelmuse“ und „Limette“ erhältlich. Das zuckersüße Sprudelwasser wird zwar keinen Preis im Wettbewerb um das gesündeste Getränk Paraguays gewinnen, aber eisgekühlt ist es ein Genuss. Am besten schmeckt mir Niko Guaraná mit dem Extrakt der gleichnamigen koffeinhaltigen Frucht aus dem Amazonas.

Vom Zauber des Amazonas-Regenwaldes ist hier am Hafen aber vorerst nichts zu spüren. „Que hay adentro?" – „Wie sieht es dort drin (im Schiff) aus?" Eine Horde Halbwüchsiger drängt sich vor der Misericordia II. Zu gern würden sie einen Blick ins Innere des Schiffes werfen. Manchmal tun wir den Kindern diesen Gefallen. Neugierig inspizieren sie dann unser Inventar, bestaunen die Küche und sitzen Probe auf unseren Betten. Heute aber müssen wir ablehnen. Es sind zu viele Kinder. Dabei verliert man in der Enge unseres schwimmenden Zuhauses leicht den Überblick.

„Mañana!", sagt Tito mit schelmischem Grinsen. Übersetzt heißt das „Morgen!" Das bedeutet jedoch nicht, dass sich die Kinder auf einen Boots-Besichtigungs-Rundgang für den nächsten Tag freuen dürfen. Titos Antwort ist einfach eine freundliche Ablehnung nach paraguayischer Art. Anstatt Anfragen frontal abzulehnen und den anderen damit zu verprellen, zieht man es in Paraguay vor, nicht ganz so direkt zu verneinen. Wenn Haus-zu-Haus-Verkäufer vor der Tür stehen und ihre Waren anbieten, würde ein Paraguayer niemals sagen: „Kein Interesse. Das brauche ich nicht!" Diesen Stil empfindet man als extrem unhöflich. Stattdessen entgegnet man: „Muchas Gracias, otro dia!" Was sinngemäß soviel bedeutet wie: „Heute leider nicht, aber du kannst an einem anderen Tag wiederkommen!" Welcher „andere" Tag damit gemeint ist, bleibt dabei allerdings im Dunkeln …

Als noch spannender erlebe ich diese kulturelle Besonderheit, wenn wir Leute für eine Veranstaltung einladen. Oft gehen wir nachmittags von Haustür zu Haustür. Dabei laden wir die Bewohner eines Ortes für unsere evangelistischen Freiluft-Gottesdienste am Abend ein. Da ein echter Paraguayer auch eine Einladung niemals rundheraus ablehnen würde, hören wir dann Sätze wie: „Ja, warum nicht! Bestimmt kommen wir!" oder „Natürlich sind wir dabei!" So bin ich zu Beginn meiner Einsatzzeit auf dem Fluss immer wieder fasziniert darüber, wie „leicht" es hier ist, Menschen einzuladen. Begeistert teile ich meinen Kollegen mit: „Genial – viele, die wir angesprochen haben, werden am Abend da sein. Sie haben versprochen, zu kommen!" Die Begeisterung von Tito, Juan & Co. hält sich allerdings in Grenzen. Sie kennen die Codewörter ihrer Sprache besser als ich. Und sie wissen: Solch eine nette Zusage hat in ihrer Kultur nicht viel zu bedeuten …

Zwei Tage wollen wir in Güyra-ti bleiben. Da die Schiffsmissionare den Ort bisher nur selten besucht haben, konnten sie auch noch keine Gemeinde gründen. So kennen wir hier auch keine Christen, die uns bei unserem Einsatz unterstützen könnten. In gewisser Weise betreten wir also missionarisches Neuland mit unserem Pionier-Einsatz in der Kalkbrenner-Stadt. Nach Einbruch der Dunkelheit geht's los. Wir haben unsere Lautsprecherboxen und Mikrofone auf der kleinen Plaza aufgebaut. Zu satten Klängen seiner Akustikgitarre legt Juan los: als ehemaliger Tänzer und Volksfestsänger fließt Musik durch seine Adern. Mit seinem sprühenden Charisma hätte er auch als Ballermann-Stimmungskanone auf Mallorca Karriere machen können. Aber die Zeiten, in denen Juan von schönen Frauen und heißen Nächten sang, sind vorbei. Jetzt pulsiert in ihm eine andere Leidenschaft: von dem zu singen, der ihn gerettet hat: Jesus! Mit Leichtigkeit zieht er das Interesse auf sich und fesselt die Zuhörer mit seiner virtuosen Stimme und seinen Künsten am Instrument. Manche der Lieder sind altbekannte Schlager, die einfach mit einem neuen, christlichen Text versehen sind. Den Leuten gefällt es. Sie klatschen im Takt und johlen begeistert mit. Immer wieder begleitet Juan seine Performance mit einer kurzen Cachaca-Tanzeinlage.

Dann bin ich dran. Glücklicherweise bleibt mir Tanzen und Sologesang erspart. Trotzdem ist mein Auftritt adrenalintreibend: Ich bin für die Predigt verantwortlich. Obwohl es nach wie vor sehr herausfordernd für mich ist, auf Spanisch zu predigen, freue ich mich über diese Gelegenheit. Ich empfinde es als Geschenk Gottes, dass ich hier, als ausländischer Missionar, vor einer erstaunlich großen Menschenmenge die beste Nachricht der Welt weitergeben darf. Ich schätze, dass sich etwa 140 Leute an der Plaza eingefunden haben und uns zuhören. Viele von ihnen sind Mütter, die ihre Kinder mitgebracht haben. Die Menschen hier sind so viel anders als die Leute in meinem Heimatland. Das Ambiente, das Klima, der Musikstil – alles ist anders. Aber eins verbindet uns mehr als alles andere: Wir alle brauchen Jesus! Kalkfabrikarbeiter und halbwüchsige Coca-Cola-Verkäufer, Krokodiljäger und Fischer, deutsche Missionare und paraguayische Schlagersänger – nur in Jesus Christus findet jeder von uns Vergebung und ewiges Leben.

Wie reich beschenkt bin ich, dass ich heute Abend darüber sprechen kann! Als Predigttext habe ich den Bericht über die „Kupferne Schlange" ausgewählt, die dem israelitischen Volk in der Wüste Rettung brachte. Mit Schlangen kennen sich die Menschen hier gut aus: Anakondas, Wasserboas, Klapperschlangen und giftige Lanzenottern – die tödliche Gefahr ist allgegenwärtig und Teil ihres Alltags. Dass hier, in Flussnähe, jemand an einem Schlangenbiss stirbt, oder zumindest bleibende gesundheitliche Schäden davonträgt, ist keine Seltenheit. „Und so, wie damals ein

Blick auf die Kupferschlange den drohenden Tod abwendete", führe ich aus, „so erfährt jeder Mensch Rettung, der auf Jesus blickt!" Unsere Zuhörer haben längst erkannt, dass ich vom Ausland komme. Mein starker deutscher Akzent, den ich nie so ganz ablegen konnte, hat mich verraten. Aber sie hören aufmerksam zu.

Spät am Abend kehren wir zum Schiff zurück. Wir sind müde und hungrig. Und zur gleichen Zeit dankbar: Wir freuen uns, dass wir mit unserem Programm zahlreiche Einwohner von Güyra-ti erreichen konnten. *Lass dein Brot über das Wasser fahren, dann wirst du es finden nach langer Zeit!* (Luther). So schrieb Salomo vor dreitausend Jahren. Ein geheimnisvolles, fast kryptisches Versprechen. Aber eine Zusage, die ein gewaltiges Energiepotential enthält. Eine Zusage, die jeden froh machen kann, der in die Zukunft anderer Menschen investiert. Ein Versprechen für alle, die mit Glaubens-Optimismus das wertvolle Saatgut von Gottes Wort ausstreuen. Die dabei nicht mit kurzlebigen Instant-Ergebnissen rechnen, sondern damit, dass Gottes Wort immer etwas bewegt. Damit rechnen auch wir. Und sind voller Zuversicht, dass der Heilige Geist unsere Lieder, die Gebete für die Kranken und das gepredigte Wort gebraucht hat, um das Licht des hellen Morgensterns, des Retters Jesus, im Herzen unserer neuen Freunde hell aufleuchten zu lassen.

13.

Jesus in der Kalkfabrik

Stadtbesichtigung! Heute bin ich mit Juan auf Achse, auf Erkundungstour in Güyra-ti. Tito hat Pech: Er schiebt Küchendienst. Geschirr spülen, Fußboden wischen, Essen kochen… Vielleicht vorher Essen angeln – falls im Vorratsschrank (und in unserer Schiffskasse) mal wieder Ebbe ist. Aber unser Mitleid mit Tito hält sich in Grenzen. Einer muss im Schiff schließlich den Laden am Laufen halten und für die Verpflegung sorgen. Da hört sich das Vormittagsprogramm von Juan und mir wesentlich unterhaltsamer an: Wir wollen die örtliche Kalkbrennerei besichtigen und mit den Arbeitern ins Gespräch kommen. Zu Fuß machen wir uns auf den Weg. Zugegeben: *Ausflugsziel: Kalkfabrik* würde wohl in keiner touristischen Paraguay-Rundreise auftauchen. Aber ganz sicher wird unsere Tour deshalb nicht weniger spannend.

Güyra-ti – dieser Name ist Musik in den Ohren jedes paraguayischen Bauarbeiters! Fast jeder, der als Maurer oder Bauhelfer arbeitet, kennt die durchsichtigen Plastiksäcke mit dem Vogel-Logo; die Säcke, in denen der berühmte Branntkalk aus dem abgelegenen Ort am Río Paraguay geliefert wird. Obwohl es noch früh am Vormittag ist, ist die Luft schon ordentlich aufgeheizt. Über dem staubigen Erdweg flimmert die Hitze. Aber der Weg zur Fabrik ist nicht weit. Schnell kommen die steinernen Schlote der Brennerei in Sicht. Wir betreten eine Art Halle mit Wellblechdach, die aber eher einem baufälligen Schuppen ähnelt. Alles ist mit einer feinen, schneeweißen Kalkschicht überzogen. Pedro, ein junger Arbeiter, erklärt uns, was mit dem Kalk geschieht, wenn er frischgebrannt im Ofen ausgekühlt ist: Die weißen Brocken wandern in eine Gesteinsmühle, wo sie zu Pulver gemahlen werden, das dann in Säcke abgefüllt wird. Wie zur Bekräftigung von Pedros Worten rattert die Mühle gerade besonders laut. Die Geräuschkulisse ist beeindruckend. Die Luft ist angefüllt mit Kalkstaub. Ich muss husten und stelle mir gerade vor, wie es wäre, hier jeden Tag zwölf Stunden zu arbeiten. Die Arbeitsbedingungen wirken mittelalterlich und hochgradig gesundheitsschädigend. Der Feinstaub, der in der Luft liegt, ist nicht nur lästig, sondern auch aggressiv. Er verätzt die Atemwege und zerstört die Lungen der Kalkbrenner in relativ kurzer Zeit. Wer hier länger als zehn Jahre durchhält, muss mit einer besonders robusten Physis gesegnet sein. Die Arbeiter wissen das. Aber aus Mangel an Alternativen kommen sie trotzdem hierher, um ihr tägliches Brot zu verdienen. Sieben Tage in der Woche – ohne Ruhetag, fast das ganze Jahr hindurch. Umgerechnet fünf Euro pro Tag bezahlt ihnen der patrón, der Fabrikbesitzer, für diese Plackerei. Trotz allem scheinen die Männer guter Dinge zu sein. Es ist die wohl unverwüstliche, typisch paraguayische Heiterkeit und Zuversicht, die diese Männer ihre harte Arbeit durchhalten lässt. Gern gehen sie auf meinen Wunsch ein und stellen sich noch für ein Gruppenfoto in Position.

Die steinernen Brennöfen gehören hier in der Gegend zur Flusslandschaft. Genauso wie die hölzernen Fischerboote am Ufer und die stillen, mit Wasserlilien bedeckten Lagunen. In einem Bericht der Tageszeitung „Ultima Hora“ lese ich erschreckende Details über die Kalkbrennereien hier in der Region. Man schätzt, dass mehr als die Hälfte der Bevölkerung in diesen Orten von der Branntkalk-Herstellung lebt. In Siedlungen wie Güyrati, Itakuá, Tres Cerros, San Lázaro oder Vallemí, wo diese kleinen Fabriken funktionieren, werden leider auch viele Kinder als billige Arbeitskräfte missbraucht. Kaum zehn oder elf Jahre alt, schultern sie schwere 30-Kilo-Säcke mit Kalk. Damit beladen sie dann Lastkähne, die Kurs auf das 500 oder 600 Kilometer entfernte Asunción nehmen. Kinder, die eigentlich zur Schule gehen müssten, verrichten Schwerstarbeit. Für jeden Sack, den sie an Bord wuchten, erhalten sie 180 Guaranies, umgerechnet etwa drei Cent. Die stärksten der Kinder und die, die am längsten durchhalten, schaffen pro Tag 150 Säcke. Das Geld, das sie damit verdienen, geben viele von ihnen zuhause ab, um ihrer Familie zu helfen.

Kinder, die in ihrer Freizeit eigentlich Hausaufgaben erledigen oder Fußballspielen müssten, die im Fluss baden oder angeln sollten, schuften wie Erwachsene. Aber nicht nur diese Tatsache ist vielen hier gleichgültig. Auch die miserablen Arbeitsbedingungen, die oft verheerende Auswirkungen auf die Gesundheit der Kinder haben, nimmt man nur schulterzuckend zur Kenntnis: aus undichten Säcken rieselt der ätzende Kalk auf die schweißnasse Haut der Kinder und versursacht brennende Wunden. Manche haben sich deshalb ihre Hände und Schultern mit Lappen verbunden, um die verätzte Haut zu schützen. Einige wirken kränklich. Mangelhafte Ernährung hat ihre Körper geschwächt. An manchen Tagen finden sich die Kinder-Arbeiter noch vor dem Morgengrauen am Hafen ein, um mit dem Beladen eines Schiffes zu beginnen. Andere Kinder arbeiten in den nahegelegenen Steinbrüchen manchmal an der Seite ihrer Eltern. Dort zerkleinern sie Gesteinsblöcke mit Spitzhacke und langstieligen Hämmern, um so das Rohmaterial für die Brennöfen zurechtzuschlagen. Andere Kinder schleppen Brennholz für die Öfen oder schlagen es mit Äxten in Scheite.

Brennofen am Fluss

Wenn sie Pause machen, trinken sie Tereré, wie die Erwachsenen, rauchen ein Cigarillo, lachen und reißen Witze.

Ist diese Kinderarbeit ein strafbares Delikt? Sind die patrones, die Brennerei-Besitzer, skrupellose Profit-Haie, wenn sie Kinder als Steineklopfer, Holzhacker und Transportarbeiter einsetzen? Müsste man nicht alles tun, um diese Ausbeutung zu verhindern? Sollten sich die Geschäftsleute, Unternehmer und Millionäre in Asunción nicht schämen, wenn sie sich mit Kalk aus Güyra-ti protzige Luxusvillen bauen lassen?

Aus der sicheren Distanz meiner völlig anderen Kultur würde ich sofort mit einem „Ja" antworten. Aber hier gibt es keine einfachen Antworten. Und der Respekt vor der anderen Kultur gebietet es, nicht pauschal zu urteilen. Es ist leicht, von einer erhöhten, abgesicherten Position moralische Urteile zu fällen. Es ist leicht, weil es nichts kostet. Viel schwieriger ist es, Alternativen anzubieten. Nicht selten sehen sich die Eltern – oft sind es alleinerziehende Mütter – gezwungen, ihre Kinder zum Arbeiten in die Kalkfabriken zu schicken. Kindergeld, Sozialhilfe oder Kranken-

Arbeiter in der Kalkfabrik in Gyüra-ti

versicherung sind Fremdworte für die Menschen am Fluss, wie für die meisten Einwohner Paraguays. Das Familien-Budget ist so gering, dass alle anpacken müssen, um etwas zu verdienen. Was dann an Geld zusammenkommt, reicht oft nur für die nächste Mahlzeit. Planen kann man nur für heute und das nächste Mittagessen. Für neue Kleidung, die Schuluniform oder etwa für Spielzeug, bleibt nichts übrig.

Während ich diese Erinnerungen notiere, denke ich an den, der ebenfalls oft mit Booten zu tun hatte und auf dem Wasser unterwegs war. In einer Situation wird von ihm berichtet: *Als Jesus aus dem Boot stieg und die vielen Menschen sah, hatte er Mitleid mit ihnen; sie waren wie Schafe, die keinen Hirten haben* (Markus 6,34). Das Wort, das hier mit „Mitleid" übersetzt wurde, hat im Originaltext eine Bedeutung, die weitaus schärfer und drastischer ist. Gemeint ist eine starke Emotion, die so heftig aufflammt, dass sie körperlich spürbar ist. Man könnte von einem negativen Hammer-Gefühl sprechen, das wie ein Schlag in die Magengrube wirkt. Jesus erblickt eine Gruppe Menschen. Und ist über ihre geistliche Verwahrlosung so schockiert, dass er perplex und tief erschüttert innehält. Menschen ohne Orientierung, ohne Hoffnung, ohne Rettung – diese Realität bringt ihn aus der Fassung und „dreht ihm (O-Ton griechisches Neues Testament) den Magen um".

Jesus leidet mit. Sein Mitgefühl ist aber so viel mehr als eine blasse Emotion, die kommt und geht. Sein Mitleid veranlasste ihn dazu, in das Leid der Menschen einzusteigen. Mit ihnen zu leiden und letztlich an ihrer Stelle zu leiden. Ob Jesus sich auch für das Schicksal der Kinder am Río Paraguay interessiert? Ob er von mir und meinen Kollegen erwartet, dass wir uns für sie einsetzen? Ich denke an Wess Stafford, den ehemaligen Leiter von Compassion International. In seinem packenden Buch *No olvides a los niños* (Editorial Unilit, Miami, 2007, dt. „Vergesst die Kinder nicht!") schreibt er:

Mit aller Entschlossenheit und Leidenschaft müssen wir dafür kämpfen, dass alles, was die Seelen und den Geist der Kinder in dieser Welt zerstört, mit der Wurzel ausgerissen wird… nichts von dieser Welt werden wir in die Ewigkeit mitnehmen können. Das Einzige, was dann zählt, sind die Menschen, in deren Leben wir im Namen von Jesus bleibende Spuren hinterlassen haben.

(S. 166/173; aus dem Spanischen übersetzt von Reinhard Pilz)

14.

Abenteuer Notaufnahme

Gegen den Strom: Das angenehm warme Wasser des Flusses ist ideal, um beim Schwimmen unsere Fitness zu trainieren. Wer dabei schnell vorankommen will, schwimmt mit der Strömung. Wer seine Muskeln stählen will, versucht sich in der entgegengesetzten Richtung. Wer Angst vor den Yacarés, den Kaimanen, hat, bleibt lieber an Deck. Es ist zehn Uhr vormittags. Ich lasse mich, mit Shorts und T-Shirt bekleidet, achtern am Schiff langsam ins Wasser gleiten. Nach sportlicher Ertüchtigung steht mir jetzt allerdings nicht der Sinn. Eine Reparatur ist fällig! Lianenartige Wasserpflanzen und ein Stück Perlonseil haben sich um die Schiffsschraube gewickelt und müssen entfernt werden. Außerdem haben sich einige Schrauben gelockert, die ich nachziehen will. Auf Messer und Schraubenschlüssel sollte ich gut achten. Das Gesetz der Schwerkraft ist auch hier wirksam. Es lässt Werkzeuge mit einem humorlosen Plätschern innerhalb eines Augenblickes auf Nimmerwiedersehen verschwinden.

Erst vor kurzem war mir bei einem ähnlichen Einsatz mein Schweizer Victorinox-Armeemesser ins Wasser gefallen. Es war das Abschiedsgeschenk einer christlichen Gemeinde aus Sachsen gewesen und der Verlust hatte mich sehr geärgert. Aber trotz anstrengender Tauchgänge zum Grund des Flusses blieb das gute

Stück unauffindbar. Heute habe ich vorsichtshalber nur ein billiges Obstmesser dabei. Die Reparatur ist zwar nicht kompliziert, aber im tiefen Wasser eine echte Herausforderung. Das Flusswasser ist trübe und man kann nur tastend unter der Wasseroberfläche arbeiten. Bei meiner Ausbildung zum Schlosser hatte ich damals ein breites Repertoire an Fertigkeiten erlernt. Schiffsreparaturen in tropischen, Piranhaverseuchten Gewässern und das Tauchen nach verlorenen Werkzeugen hatten nicht dazu gehört. Heute kann ich das Problem schon nach zehn Minuten lösen: Die Schiffsschraube dreht wieder frei und meine Werkzeuge sind noch vollzählig vorhanden. Ein Fischbussard beobachtet mich aus sicherer Entfernung. Der ockerbraune Greifvogel mit dem weißen Kopf krallt sich an der Astgabel eines Jenipapó-Baumes fest und fixiert mich unablässig.

Ich ziehe trockene Kleidung an und stelle mich mental auf meine nächste Aufgabe ein. Wieder benötige ich ein Messer. Diesmal aber nicht für Unterwasserarbeiten, sondern für die Küche. Als Koch vom Dienst bin ich für das Mittagessen verantwortlich. Es gibt carpincho! Gestern hatte Juan eins dieser Wasserschweine geschossen. Die geselligen Tiere, die ein Gewicht von bis zu 80 Kilo erreichen können, leben meist in großen Gruppen zusammen. Mit ihrem kastanienbraunen Fell und dem gedrungenen, schwanzlosen Körper sehen sie aus wie überdimensionale Meerschweinchen. Wie ihre kleinen Verwandten, die ebenfalls aus Südamerika stammen, gehören auch sie zu den Nagetieren. Carpinchos sind hervorragende Schwimmer und Taucher. Sie können bis zu fünf Minuten unter Wasser bleiben. Am liebsten ernähren sie sich von Gras und Wasserpflanzen. Wir hingegen ernähren uns heute von carpincho. Das frische Fleisch ist eine willkommene Abwechslung auf unserem Mittagstisch. Der strenge Geruch, den es verströmt, ist zwar nicht jedermanns Sache, aber darüber sehen wir großzügig hinweg – immerhin sind wir fast gratis dazu gekommen. Auch der aparte Eigengeschmack des Fleisches ist gewöhnungsbedürftig. Deshalb sparen wir beim Kochen nicht mit Knoblauch, Salz und Zitrone. Mitunter, wenn wir eins der Tiere erlegt haben und das Fleisch an mehreren Tagen hintereinander essen, geschieht etwas Skurriles: der unverwechselbare Carpincho-Geruch tritt aus den Poren unserer Haut und schwängert das Ambiente auf dem Schiff mit einer besonderen Duftnote. An solchen Tagen sind wir dankbar dafür, dass die meisten unserer Gottesdienste Open-Air-Veranstaltungen sind …

Heute entscheide ich mich dafür, das roséfarbene Fleisch zu einem Reis-Quiso zu verarbeiten, dem typischen paraguayischen Ein-Topf-Gericht, bei dem alle Zutaten nacheinander im selben Topf erst angebraten und dann mit Reis zusammen gekocht werden. Am besten gelingt das in einem Gusseisentopf über dem offenen Feuer. Der rauchige Geschmack sorgt dann für die besondere Note. Aber der Propangasherd in unserer Kombüse tut's auch.

Vier Tage später. Schon seit Stunden knattert der 70-PS-Dieselmotor unseres Schiffes unbeirrt vor sich hin. Flussabwärts, mit der Strömung, kommen wir fast doppelt so schnell voran. Ganz im Gegensatz zum monotonen Lärmen des Motors ziehen am Ufer des Río Paraguay friedvolle, fast märchenhafte Landschaften vorbei: einsame Buchten mit feinsandigen Stränden und pittoreske Hügel, von Urwald überwuchert. Den höchsten von ihnen nennen die Leute hier *Pan de Azúcar, Zuckerhut* – in Anlehnung an seinen berühmten Verwandten in Rio de Janeiro. In den stillen Riachos, den weitverzweigten Seitenarmen des Flusses, spiegelt sich das einzigartige Panorama. Ein echtes Eldorado für Kaimane, Boas und vielleicht auch den einen oder anderen Jaguar …

Leider kann ich dieser tropischen Idylle heute nichts abgewinnen – eine bösartige Infektion im Mittelfinger meiner rechten Hand macht mir zu schaffen. Die Wunde, die sich von Tag zu Tag verschlimmert, ist rätselhaft. Ich habe keine Ahnung, wie sie ent-

Uferlandschaft bei Vallemi

standen ist. Eine Tropenkrankheit? Juan vermutet: „Vielleicht hat dich nachts eine giftige Spinne gebissen!“ Die Vorstellung, dass nachts giftige Spinnen auf meiner Bettdecke auf Erkundungstour gehen, wirkt nicht besonders beruhigend. Aber auch der Stich irgendeines anderen Insektes wird in Erwägung gezogen. Was auch immer mit meinem Finger passiert ist – der pulsierende Schmerz, der stetig zunimmt, holt mich in die Wirklichkeit zurück. Ich bin emotional am Boden, fühle mich entmutigt und habe Angst. Aber trotzdem muss ich schnell etwas unternehmen! Nur was?

Zwei Tage später, im Morgengrauen, erreichen wir endlich den Hafen von Vallemí. Hier gibt es ein kleines Krankenhaus. Erleichtert atme ich auf. Aber jetzt sollte ich erleben, dass meine Odyssee noch nicht vorbei war, sondern erst richtig begann. Ohne Zeit zu verlieren, besteige ich mit Tito unser „Beiboot“, einen blauen Aluminiumkahn. Mit geübten Ruderschlägen kreuzt er die starke Strömung und setzt mich über zum Ufer. Hier wartet schon ein Freund mit seinem Motorrad. Er klärt mich während der Fahrt darüber auf, dass wir erst einmal zum Privathaus des Arztes fahren müssten, um die spätere Behandlung im Krankenhaus „zu besprechen“. Statt eine Klingel zu benutzen, klatschen wir – wie in Paraguay üblich – vor dem Haus des Arztes in die Hände. Die Haustür öffnet sich, ein älterer Mann mit Glatze und grauem Haarkranz tritt ins Freie. Wir kommen gleich zur Sache. Fachmännisch inspiziert der Arzt meinen Finger und teilt uns mit: „Da müssen wir ein Antibiotikum spritzen!“

Da dieses Medikament sowie andere Utensilien im Krankenhaus jedoch nicht vorrätig seien, werden wir mit einer Einkaufsliste erst einmal zur Apotheke geschickt. Medikamente, Spritze, Tupfer… gut, dass ich mein Portemonnaie eingesteckt hatte. Wieder staune ich. Es sollte aber nicht das letzte Mal an diesem Tag gewesen sein. Denn als wir endlich das Krankenhaus erreichen, komme ich erneut aus dem Staunen nicht heraus: Im *Hospital Distrital* scheint es keine abgeschlossenen Behandlungszimmer zu geben! Ich laufe an einem Mann in Zivilkleidung vorbei, der einem Patienten, der auf einem Holzstuhl sitzt, wahrscheinlich gerade einen Zahn zieht. Der blutige Eimer am Boden verdeutlicht das sehr anschaulich. Ob es sich bei diesem Mann um einen Chirurgen, einen Zahnarzt oder um den Hausmeister handelt, kann ich in diesem Moment nur schwer einschätzen.

Ich muss warten. Dabei hoffe ich, dass der zahnziehende Hausmeister nicht auch mein behandelnder „Arzt“ wird. Dann bin ich dran. In einer Art Wartehalle, wo sich noch andere Patienten aufhalten, gibt mir eine Krankenschwester die strenge Anweisung, mich „freizumachen“. Eingeschüchtert folge ich dem Befehl, öffne den Gürtel und lasse meine Hose runter. Die anderen Patienten schauen interessiert zu. Gleich im Stehen wird mir die Spritze in den Oberschenkel verpasst. Ich überlege, ob ich jetzt lachen, weinen oder schreien soll.

Habe ich als Missionar so eine Behandlung verdient? Interessierte es hier niemanden, dass ich in Deutschland krankenversichert bin? Nein, das schien hier niemanden zu interessieren. Aber Gott gebrauchte dieses abenteuerliche Krankenhaus mit seinen unkonventionellen Behandlungsmethoden, um mir wieder auf die Beine zu helfen und mich zu heilen. Die Hilfe von „ganz oben“ erlebte ich an diesem heißen Sommertag in Vallemí ganz anders als erwartet. Sie kam nicht besonders sanft und angenehm daher. Sondern eher rustikal und auf die harte Tour. Aber sie kam. Gott hatte meine Gebete um Hilfe gehört und in seiner Liebe darauf geantwortet. Und so ganz nebenbei brachte er mir noch eine wichtige Lektion bei: Als Missionar, zu Gast bei meinen paraguayischen Freunden, bin ich derjenige, der sich anzupassen hat. Ich habe mich auf meine Umgebung einzustellen, nicht umgekehrt. Für diese Lektion bin ich bis heute dankbar.

… ich habe gelernt, in jeder Lebenslage zurechtzukommen. Ob ich nun wenig oder viel habe, beides ist mir durchaus vertraut … Alles kann ich durch Christus, der mir Kraft und Stärke gibt.

(Philipper 4,11–13)

15.

Gefährliche Bettnachbarn auf El Portero

Knirschend rollen die metallbeschlagenen Holzräder über die Schotterpiste. Wir biegen ein ins Hafengelände. Über dem geöffneten Tor, das schief in den Angeln hängt, thront der aus eisernen Lettern geschweißte Schriftzug: *Puerto Concepcion*. Zwar wirkt das mit Maschendraht bespannte Tor eher wie der Eingang einer deutschen Kleingartenanlage – aber wir sind da. Schwungvoll springe ich von dem zweirädrigen Pferdekarren, die man in Concepción auch als preisgünstiges und klimaneutrales Taxi ordern kann. José reicht mir meine Reisetasche und den Rucksack. Ich gebe ihm im Gegenzug einen abgegriffenen 5 000-Guaranies-Schein. Weniger als einen Euro hat die Fahrt vom Busbahnhof bis hierher gekostet. Ich hatte einige Tage in der Hauptstadt Asunción zu tun. Gestern war ich mit dem Bus hier in Concepcion angekommen. Nun versuche ich, mein schwimmendes Zuhause, die Misericordia II, wieder zu erreichen.

Nach letzten Informationen müsste sie gerade in Puerto Pinasco, etwa 160 Kilometer flussaufwärts, liegen. Dorthin könnte man auch per Anhalter mit einem geländetauglichen Fahrzeug gelangen. Wenn der Erdweg nach Regenfällen nicht gerade wieder einmal unpassierbar ist. Aber da mir der Sinn heute nicht nach schlammspritzenden Offroad-Abenteuern steht, habe ich mich für den Wasserweg entschieden. Nun muss ich nur noch ein passendes Boot für meinen Trip finden. Ich schaue mich um. Der Hafen von Concepcion hat schon eindeutig bessere Zeiten gesehen. Das sieht man sofort. Die liebevoll restaurierten Fassaden der Kolonialhäuser im Hafenviertel vermitteln zwar noch etwas vom schicken Flair des vorletzten Jahrhunderts. Damals wurden an der Hafenmole Schiffe am laufenden Band be- und entladen. Italienische Einwanderer verdienten mit dem Export von Edelhölzern, Yerba-Mate, Tannin und eingesalzenem Trockenfleisch ein Vermögen. Doch dieser Boom ist längst Geschichte. Jetzt kündet nur noch ein stillgelegter Hafenkran, der seinen rostigen Arm einsam in den Himmel streckt, vom Glanz vergangener Zeiten.

Richtige Passagierschiffe sucht man auf dem Río Paraguay vergebens. Aber für wenig Geld kann man auf einem Boot mitfahren, mit dem reisende Händler die Orte am Fluss mit Lebensmitteln und Waren des täglichen Bedarfs versorgen. Es sind sogar Dampfer unterwegs, auf denen man eine winzige Kabine mit Holzpritsche, ähnlich einer Gefängniszelle, mieten kann. Und andere, wo man ebenfalls bezahlt, aber keinen Zentimeter Privatsphäre hat. *El Portero* gehört in die zweite Kategorie. Der Kahn sieht aus wie eine Mischung aus Getränkefrachter und Partyschiff für Arme. Er liegt tief im Wasser. Die Holzbohlen an der Reling sind abgewetzt. Sehr vertrauenerweckend wirkt das vielleicht 15 Meter lange Boot nicht auf mich. Aber es ist das einzige, das in meine Richtung fährt. José, mein Pferdetaxichauffeur, hat mir versichert, dass ich damit mein Ziel in Puerto Pinasco erreichen würde.

Schnell kommen wir ins Geschäft. Ein unrasierter Typ in Badeschlappen und Cerro-Porteno-Fußballshirt, der zur Besatzung gehört, verkauft mir eine Fahrkarte. „Im Preis ist auch ein Liegeplatz mit Matratze unter dem Sonnendach inbegriffen“, erklärt er

Morgenstimmung am Fluss

mir. Ich bin begeistert und balanciere auf einer schmalen Holzbohle an Deck. Zwei Drittel der Ladefläche sind mit mannshohen Stapeln roter Bierkisten der Marke Brahma vollgestellt. Die Getränke werden uns während der Reise nicht ausgehen – soviel ist schon einmal sicher. Aber El Portero ist noch längst nicht komplett beladen. Barfüßige Träger mit freiem Oberkörper schleppen auf ihrem Rücken immer mehr Waren an Bord: 50-Kilo-Mehlsäcke, Säcke mit Maniok, Kanister mit Speiseöl im Zehnerpack, Zwiebeln und Seife. Alles verschwindet im Laderaum oder wird in den letzten freien Ecken an Deck verstaut. Dann legen wir ab. Der Dieselmotor erwacht aus seinem Schlaf und bläst eine schwarze Qualmwolke in die Luft. Mindestens zwölf Stunden Fahrt liegen vor mir. Der Kassierer zeigt mir meinen „Liegeplatz". Eingeklemmt zwischen zwei anderen Matratzen findet sich meine. Die Passagiere neben mir sind eine jüngere Frau mit zwei kleinen Kindern und eine ältere, dickliche Frau mit kirschrot geschminkten Lippen und schweren goldenen Ohrringen. Sie scheinen nicht gerade begeistert über meine Gesellschaft zu sein. Aber auch ich sehe der langen Nacht auf der verblichenen, durchgelegenen Matratze, Seite an Seite mit meinen Schlafnachbarinnen, eher skeptisch entgegen. Dass ich in diesem Ambiente wirklich entspannt schlafen werde, kann ich mir kaum vorstellen.

So suche ich erst einmal das Weite. Von Stille und Einsamkeit kann man an Bord von El Portero zwar kaum sprechen, aber immerhin ist es im Freien ruhiger. Am Heck des Schiffes kann ich durchatmen. Niemand außer mir hält sich hier auf. Ich schaue auf die mit Schaum bedeckte Wasserfurche, die die Schiffsschraube hinterlässt. Dann schaue ich auf meine Armbanduhr. Zwanzig Minuten sind vergangen. Noch mindestens elf Stunden und vierzig Minuten bis zur Ankunft … Eintönig zieht die Landschaft wie in Endlosschleife vorbei. Vom Ast eines Paraíso-Baumes mustert uns ein Pitogué. Die frechen, gelben Vögel mit dem dunkelgrau-weiß gestreiften Kopf sind in ganz Paraguay anzutreffen. Am Ufer dümpelt der Kadaver eines Krokodils vor sich hin. Mit dem weißen Bauch nach oben klemmt er an einer freigespülten Baumwurzel fest. Aus Mangel an Ideen, wie ich mir sonst noch die Zeit vertreiben könnte, kehre ich zu meiner Schlafstatt zurück. Inzwischen sind noch mehr Passagiere an Bord gekommen. Eine Frau in rosa Leggins, mit einem quengelnden kleinen Jungen an der Hand, reklamiert meine Matratze für sich. Freundlich protestiere ich: „Hier ist leider schon belegt. Diesen Platz habe ich bezahlt!" Unbeeindruckt bleibt sie wie angewurzelt stehen. Plötzlich baut sich ein glatzköpfiger Mann mit Schnauzer und Bierbauch neben mir auf. Mit finsterer Miene gibt er mir zu verstehen, dass ich hier, zwischen den Frauen, nichts zu suchen hätte. Ich halte dagegen, dass ich diese abgeschabte Matratze für eine Nacht rechtmäßig gemietet hätte. Aber die Fronten sind verhärtet. Verärgert trete ich den Rückzug an.

Wieder finde ich mich am Heck des Schiffes ein. Inzwischen ist es Abend geworden und ich bin hundemüde. Wo könnte ich mich hier hinlegen? Da fällt mein Blick auf ein dickes Tau, das wie eine riesige Schnecke kreisrund zusammengerollt auf dem Holzplanken liegt. Das könnte funktionieren! Von hier würde mich niemand mehr verscheuchen. Ich versuche, es mir auf dem Tau bequem zu machen. Mit zweifelhaftem Erfolg. Es gelingt mir einfach nicht, mich in gekrümmter Stellung so in Position zu legen, dass ich in etwa die Form meiner schneckenförmigen Unterlage einnehme. Aber irgendwann dämmere ich weg. Dann werde ich wieder munter. Es ist empfindlich kalt geworden und ich habe keine Decke. Ich schaue auf meine Uhr: 22.15. Eine Viertelstunde habe ich geschlafen, aber spüre schon jetzt jeden Knochen. Es verspricht, eine unterhaltsame Fahrt zu werden. Als ich gerade wieder dabei bin, einzuschlafen, höre ich laute Rufe! Wir sind an einem Fischerdorf angekommen. Hier wird das Schiff anlegen. Da werden kräftige Hände gebraucht. Und das Tau, auf dem ich mich ausgestreckt habe! Schlaftrunken schaue ich dabei zu, wie das, was gerade noch meine Matratze war, an Land fliegt und an einem Pfosten festgebunden wird. Jetzt kann ich nur hoffen, dass die nächste Schiffsanlegestelle mindestens zwei, drei Stunden entfernt liegt.

Aber viel Lust verspüre ich nicht auf diese Form der Nachtruhe auf Abruf. Irgendwann, mitten in der Nacht, kehre ich übermüdet und schlechtgelaunt zurück ins Innere des Schiffes. Da in der Zwischenzeit einige Leute von Bord gegangen sind, ist meine Matratze wieder frei geworden. Ich strecke mich aus und falle in einen unruhigen Schlaf. Als ich im Morgengrauen aufwache, ist der junge Mann, der rechts neben mir gelegen hatte, verschwunden. Mein Rucksack ebenfalls.

Es ist nicht zu fassen – jetzt hat man mich auch noch beklaut. Diese Reise scheint das Zeug zur echten Alptraum-Odyssee zu haben. Zwar waren Geld und Reisepass nicht im Rucksack und meine Reisetasche samt Kleidung hat man mir wenigstens gelassen, aber von wirklicher Erleichterung kann keine Rede sein. Ich bin schockiert und mache mich auf den Weg zum Ruderhaus.

Als ich dem Kapitän von dem Vorfall berichte, macht er ein betroffenes Gesicht. „Mach' dir keine Sorgen! Ich melde alles sofort per Radio der Polizeistelle, wo der Typ von Bord gegangen ist! Wir schnappen ihn!", versucht er mich zu beruhigen. Ob diese Anteilnahme echt ist, daran habe ich starke Zweifel. Nicht selten machen die Crews solcher Schiffe gemeinsame Sache mit Trickdieben und anderen Ganoven und später teilt man sich die Beute. So brennt meine Hoffnung, mein Gepäckstück zurückzubekommen, eher auf Sparflamme. Und es wird ein Abschied für immer – vom Dieb und meinem Rucksack fehlt jede Spur. Ich sehe beide nie wieder.

Vormittags legt unser Boot an der betonierten Mole von Puerto Pinasco an. Am kobaltblauen Himmel steht die Sonne schon hoch. Ich spüre die wärmenden Strahlen auf meiner Haut. Aus meinen Knochen weicht der letzte Rest Kälte der vergangenen Nacht. Schon von weitem habe ich die Misericordia II entdeckt, die hier ankert. Ich habe es geschafft. Ich bin angekommen! Selten habe ich mich so gefreut, mein schwimmendes Zuhause wiederzusehen. „El Portero – hier endet unsere kurze, aber turbulente Beziehung! Freunde werden wir in diesem Leben wohl nicht mehr werden." Ohne mich noch einmal umzuschauen, gehe ich von Bord.

16.

Das schwimmende Sägemesser

Nur noch die Ruinen aus roten, verwitterten Klinkersteinen erinnern an die alte Tannin-Fabrik und die Glanzzeiten von Puerto Sastre. Damals, vor knapp hundert Jahren, hatte die Stadt noch zehnmal mehr Einwohner als heute. Roter Quebracho hieß das Zauberwort. Man hatte entdeckt, dass das Holz dieses Chaco-Baumes reichlich Tannin enthält – wichtiger Rohstoff für das Gerben von Tierhäuten. Carlos Casado, ein umtriebiger Unternehmer, hatte für den Transport des dunkelroten, steinharten Holzes extra eine Eisenbahnlinie durch den Chaco bis zum Río Paraguay bauen lassen. Hier wurde daraus das ockerbraune Tannin-Pulver gewonnen und per Schiff in alle Welt exportiert. Das Geschäft boomte. Die radikale Abholzung des Quebracho-Baumes konnte jedoch nicht lange gutgehen. Bald waren die Baumbestände komplett verschwunden. Nachhaltigkeit oder Aufforstung waren keine Themen, mit denen man sich beschäftigte. Die Tannin-Fabriken mussten schließen. Der Stern von Puerto Sastre, Puerto Pinasco und anderen Orten am Fluss begann zu verlöschen. Die Arbeiter wanderten in andere Regionen ab. Heute ist die kleine Siedlung nur noch ein Schatten vergangener Zeiten.

Pastor Casafú hingegen steckt voller Tatendrang. Er ist Leiter der noch jungen Gemeinde, die wir besuchen und die wir für mehrere Tage unterstützen wollen. Wie fast immer bei unseren Einsätzen, sind auch hier missionarische Hausbesuche, Evangelisation und Schulung der Gemeindemitarbeiter geplant. Wir besuchen Pastor Casafú, um das Programm der nächsten Tage zu besprechen. Stolz zeigt er uns seinen Schatz: einen schlammigen, mit Brettern eingefassten Teich hinter seiner Hütte. Hier bewahrt er sein Kapital auf: Köderfische, die er mit seinem Handnetz selbst gefangen hat und an angelnde Touristen verkauft. Seine Kunden, zahlungskräftige brasilianische Hobby-Fischer, buchen spezielle Angel-Ausflüge auf komfortabel eingerichten Jachten. Dabei hoffen sie dann, einen stattlichen Surubí, Manguruyú oder Dorado an den Haken zu bekommen. „Quieres acompañarme?" („Hast du Lust mitzukommen, wenn ich Köderfische fange?"), fragt mich Pastor Casafú augenzwinkernd. Ich habe! Nachmittags geht es los. Bruder Fernando, ein Freund und Fischerkollege mit Dreizehntagebart, ist auch mit von der Partie. In voller Montur, in langärmeligen Hemden und langen Hosen, waten wir in Ufernähe durch das trübe, hüfthohe Wasser. Unser Werkzeug, das „Handnetz", besteht aus einem meterlangen Stück engmaschiger Plastik-Gaze, mit der man sonst Fenster moskitosicher verkleidet. Da – unter einem Teppich von Wasserlilien vermuten die beiden reiche Beute. Bedächtig breiten sie ihr Netz aus, ziehen es straff und senken es dann ins tiefe Wasser, um es kurz darauf mit einem Ruck an die Oberfläche zu heben. Auf dem grünen Netz zappeln zahllose kleine Fische: silbrige Bocas mit rötlichen Flossen, aber auch Morenitas und Aale, mit denen man einen Surubí fangen kann. Sogar eine etwa dreißig Zentimeter lange, dunkelgrüngelb gemusterte Schlange windet sich auf dem Netz. Jetzt zeigt sich Bruder Fernandos Sinn für sehr speziellen Humor: Mit einem gekonnten Griff packt er die Schlange und wirft sie mir zu. Ich zucke erschrocken zurück. Meine beiden Begleiter biegen sich vor Lachen. Ich lache mit. Mein Bedarf an humoristischer Unterhaltung dieser Art ist aber für heute gedeckt. Einige Zeit später, als die beiden mit ihrem Blechkahn vom Fischen zurückkommen, lassen sie mich rufen. Ich schnappe meine Kamera und mache mich auf den Weg zum Flussufer. Meinen neuen Freunden ist heute ein besonderer Fang ins Netz gegangen: eine etwa anderthalb Meter lange Anakonda windet sich auf dem Bretterrost, mit dem ihr Boot ausgelegt ist. Pastor Casafú greift das Reptil. Dann hält er es wie ein Schlangenbändiger in zirkusreifer Pose in Position, damit ich ein paar Fotos schießen kann.

Schlangen, Kaimane oder Stachelrochen sind nicht die einzigen Flussbewohner, zu denen man auf sichere Distanz gehen sollte. Auch von Begegnungen mit Piranhas können die Leute unterhaltsame Geschichten erzählen. Eine davon höre ich von Pastor Casafú persönlich: Einmal war sein Schwager Helmut aus Deutschland bei ihm in Puerto Sastre zu Besuch. Oft ging er mit Begeisterung zum Fluss, um sich abzukühlen und eine Runde zu schwimmen. Als man ihn vor den Piranhas warnte, entgegnete er abgeklärt: „Ach Leute, versucht nicht, mich mit diesen blutrünstigen Horrorgeschichten zu erschrecken. Mein Reiseführer sagt klipp und klar, dass Piranhas friedliche, scheue Fische sind." Niemand konnte Helmut von der Gefahr überzeugen. Bis zu dem Tag, als er in der Mittagspause, wieder einmal zum Fluss geht, um sich zu erfrischen. Plötzlich zerreißt ein schriller Schrei die schläfrige Stille der Siesta. Helmut springt aus dem Wasser, lässt lautstark einige Kraftausdrücke vom Stapel und humpelt mit schmerzverzerrtem Gesicht über den Strand: einer der friedliebenden, scheuen Piranhas hatte ihn in den Fuß gebissen.

Aber auch wir als Team der Misericordia II verfügen mittlerweile über einen großen Fundus an Erfahrungen mit den fressgierigen, zahnbewehrten Flussbewohnern. An manchen Orten, wo wir geangelt haben, hatte man praktisch augenblicklich einen Piranha am Haken. Hat ein anderer Fisch angebissen und man zieht ihn nicht sofort an Land, kommt es nicht selten vor, dass nur noch die Hälfte des Fisches am Haken hängt: Die andere Hälfte haben Piranhas innerhalb von Sekunden abgefetzt und gefressen. Sogar wenn wir unseren Fang schon aus dem Wasser holen, schnappen die gierigen Räuber noch danach, so als wäre es eine bodenlose Frechheit, sie um ihre Beute zu bringen. Dabei machen wir Bekanntschaft mit verschiedenen Arten dieser angriffslustigen Fische: es gibt sie in kleiner Ausführung, mit silbrigem Rücken und feuerrotem Bauch. Aber auch tellergroß, mit dunkelgrünschwarzen Schuppen. Was alle Arten vereint, ist ihre mörderische Fresslust, ihre Aggressivität und ihr rasierklingenscharfes, gezacktes Gebiss. Die sägeähnlichen Kiefer unter den ausdruckslosen, kalten Augen schnappen auch dann noch wütend zu, wenn der geangelte Fisch längst an Land, auf dem Trockenen liegt. Es war das Volk der Guaranies, das diese schwimmende Fressmaschine einst „Piranha" getauft hatte. Ob dieses Wort „Zahnfisch" oder „Teufelsfisch" bedeutet, darüber streiten sich Linguisten. Passen würden beide Varianten.

Pastor Casafú mit einem besonderen Fang

Ein paar hundert Kilometer weiter nördlich sind der Río Paraguay und seine Nebenarme teilweise regelrecht Piranhaverseucht. Auf einer Reise vor wenigen Jahren hatte ich sie im Pantanal von Brasilien und Bolivien massenhaft in Souvenirshops entdeckt. Auf Holzständern befestigt, warteten sie getrocknet und präpariert mit aufgerissenem Maul auf Touristen. Wer einen Abschreckungs-Effekt für die heimische Vitrine suchte, konnte hier sein Geld gut anlegen. Alles andere als unterhaltsam sind jedoch lebendige Piranhas in ihrem natürlichen Umfeld. Man erzählt, dass Viehzüchter, die ihre Rinderherden im Amazonas oder Pantanal durchs Wasser treiben müssen, um zu neuen Weideplätzen zu kommen, dabei eine spezielle Taktik anwenden. Sie suchen ein krankes Tier der Herde aus und treiben es an einer seichten Stelle in den Fluss. Das ist für das wehrlose Tier ein sicheres Todesurteil: in Windeseile wird es von Piranhas attackiert. Im Blutrausch zerfetzen die Fische ihr Opfer und lassen innerhalb von kurzer Zeit nur das abgenagte Skelett zurück. In der Zwischenzeit können die Gauchos ihre Herde aber flussaufwärts ohne Probleme durch den Fluss bringen – denn die Piranhas sind abgelenkt. Das geopferte Tier stirbt einsam einen grausamen Tod, damit der Rest überleben kann.

Wieviel Wahrheit steckt in diesen Berichten? Ich bin mir nicht sicher. Aber die Botschaft, mit der wir unterwegs sind, handelt genau davon, denke ich! Einer wurde geopfert, damit die anderen überleben. Einer starb einsam, von Gott und Menschen verlassen, einen schrecklichen Tod, damit wir mit dem Leben davonkommen. Einer hat sein Leben dahingegeben, damit wir durch den todbringenden Fluss heil ans andere Ufer kommen. Danke, Jesus, für dein Opfer! Welches Vorrecht und welche Freude, diese starke Botschaft im Gepäck zu haben!

So starb auch Jesus außerhalb der Stadt, um durch sein Blut die Menschen von ihrer Schuld zu befreien. Lasst uns zu ihm hinausgehen und die Verachtung mittragen, die ihn getroffen hat.

(Hebräer 13,12–13)

17.

Das letzte Pferderennen

Tito und ich sitzen beim Angeln. Heute scheint kein Fisch Lust zu haben, unsere Köder zu schlucken. Kein Grund zur Panik. Irgendwann wird es klappen! Und dann beginnt Tito, mir seine Geschichte zu erzählen …

Ich wuchs mit meiner Mutter in Puerto Sastre, einer Siedlung am Río Paraguay, auf. Als ich zwölf Jahre alt war, entdeckte ich meine Leidenschaft für Pferde. Von da an verbrachte ich einen großen Teil meiner Freizeit im Sattel. Noch als Teenager wurde aus mir ein mit allen Wassern gewaschener Reiter und Pferdeflüsterer. Ich war gut. So gut, dass ich es sogar schaffte, Wildpferde, auf deren Rücken noch nie jemand gesessen hatte, zu zähmen und einzureiten. Als Hobby-Jockey nahm ich an lokalen Pferderennen teil, die in Paraguay eine beliebte Freizeitbeschäftigung sind. Wer sein Geld auf mich und mein Pferd wettete, konnte mit guten Gewinnen rechnen. Obwohl diese Rennen halsbrecherisch sind, verspürte ich keine Angst. Alles ging gut.

Bis zu jenem Tag, der mein Leben für immer verändern sollte. Im Ort fand eine „Carrera de Caballo“ – ein Pferderennen statt. Ich wollte unbedingt an den Start gehen. Aber diesmal hatte ich meine Mutter nicht um Erlaubnis gefragt. Leise schlich ich mich

Tito (rechts) vor dem Gemeindehaus in San Lazaro

aus dem Haus. Als ich an der Rennstrecke ankam, tauchte ein bekannter Lehrer auf, im Schlepptau ein dunkelbraunes Pferd. „Wer traut sich, damit am Rennen teilzunehmen?" fragte er in die Runde. Aber niemand traute sich, aufzusteigen. Der Vollbluthengst war zwar als schnell und stark bekannt, aber auch berüchtigt für seine Wildheit und Unberechenbarkeit. Das war meine Chance! Jetzt konnte ich zeigen, was in mir steckte!

So, als hätte ich nie etwas anderes gemacht, setzte ich mich in den Sattel. Ich lief einige Schritte mit dem Pferd. „Das müsste klappen", dachte ich und ritt langsam zur Box, aus der die Pferde ins Rennen starten. Doch spontan entschied ich mich anders, für einen Solo-Ritt. Ich drehte um und gab dem Pferd die Sporen. Schlagartig galoppierte es los. Ich lag im Sattel, den Wind im Gesicht und genoss den Augenblick. Die Zeit schien stillzustehen. Dann wollte ich anhalten. Aber der Hengst galoppierte weiter, immer wilder, immer schneller, wie eine Kanonenkugel, 200 Meter, 300 Meter ... Jetzt bekam ich es mit der Angst zu tun. Nach einer Strecke von etwa 400 Metern stellte sich plötzlich ein Freund von mir mitten auf den Weg. Wahrscheinlich wollte er das Pferd irgendwie aufhalten und mir so zu Hilfe kommen. Abrupt stoppte der Hengst. Ich konnte mich nicht halten, wurde mit voller Wucht aus dem Sattel geschleudert und krachte auf die harte Erde.

Wie aus der Ferne hörte ich jemanden rufen: „Tito ist tot!“ Ich sah die verdrehten Gliedmaßen meines Körpers und versuchte aufzustehen. Aber ich konnte mich nicht bewegen. Wieder hörte ich, wie die Leute hysterisch durcheinanderschrien: „Tito ist gestürzt! Er ist tot!“ Ich erinnere mich noch, dass man mich auf ein Pferd hievte und damit zum Krankenhaus brachte. Unterwegs fiel ich in eine Art Schlaf. Ich träumte von Sternen, zwischen denen ich umherspazierte. Dann wachte ich auf. Man legte mir eine Injektion an. Im ganzen Körper fühlte ich schlimme, stechende Schmerzen, besonders aber in meiner Brust und Wirbelsäule. Vierzehn Tage lag ich im Krankenhaus, ohne zu wissen, welche Verletzungen ich mir eigentlich zugezogen hatte.

Zwar ließen die Schmerzen danach allmählich nach, aber ich spürte, dass mit meinen Beinen etwas nicht stimmte. Und dann überbrachte mir der Arzt mehrere Horror-Nachrichten: Meine Verletzungen seien so schwerwiegend, dass ich nie wieder laufen könne. Auch sei mein Herz durch den Unfall so geschwächt worden, dass ich nicht mehr lange zu leben hätte. Ich versank in einem Strudel von Wut und tiefer Traurigkeit. Nein, so wollte ich nicht weiterleben! Da zog ich es vor, schon jetzt tot zu sein. Und so beschäftigte ich mich in meinem Gedanken immer mehr damit, meinem Leben selbst ein Ende zu setzen. Meine Mutter hatte mich katholisch-religiös erzogen. Deshalb betete ich auch. Aber die Schmerzen quälten mich unverändert, Tag für Tag. Mein Leben selbst zu beenden – das schien der einzige Ausweg zu sein.

Doch dann erlebte ich Gott. In einer Nacht sah ich plötzlich ein helles Licht und hörte eine Stimme, die sagte: „Ich werde dich heilen! Steh auf!“ Fassungslos gehorchte ich, richtete mich in meinem Bett auf, stand auf, setzte einen Fuß vor den anderen und konnte ohne Schmerzen durchs Zimmer gehen. Gott hatte mir gezeigt, dass er wirklich da ist. Er hatte ein Wunder getan!

Ich zog danach zu meinen Großeltern in die Hauptstadt nach Asunción, wo ich weiter zur Schule ging. Täglich betete ich zu Gott um komplette Heilung. Nach etwa einem Jahr besuchte ich meine Mutter und meine Geschwister. Drei Tage und Nächte war ich mit dem Schiff auf dem Río Paraguay unterwegs, um meinen Heimathafen Puerto Sastre zu erreichen. Während dieser langen Reisen bindet man an Deck einfach seine Hängematte irgendwo fest und schon hat man einen Schlafplatz. Zuhause angekommen, kam ich aus dem Staunen nicht heraus: In der Zwischenzeit hatte sich meine gesamte Familie zu Jesus bekehrt. Ich war skeptisch. Aber der Pastor, der bei uns im Dorf eine kleine Gemeinde gegründet hatte, war mir sympathisch und wir freundeten uns schnell an. Einmal lud er mich zum Gottesdienst ein und ich ging hin. Es gab noch kein Gemeindehaus und wir trafen uns einfach unter dem großen Johannisbrotbaum. Außer mir waren vor allem viele Kinder da. Laut und mit Begeisterung sangen sie die Lieder mit.

Pastor Casto begann zu predigen. Seine Worte berührten mich tief und trafen mich mitten ins Herz. Dann schaute er uns alle an und sagte: „Wer möchte heute sein Leben Jesus Christus anvertrauen?“ Daran war ich nicht interessiert. Aber der Pastor stellte noch einmal dieselbe Frage. Und plötzlich spürte ich, wie mich jemand berührte. Es war, als ob eine andere Person mir half, meine Hand zu heben und aufzustehen. Heute weiß ich, dass es Gott selbst war. Ich ging nach vorn und gemeinsam mit dem Pastor sprach ich ein Gebet, in dem ich Jesus die Herrschaft über mein Leben schenkte. Dabei spürte ich, wie eine vorher nie erlebte Kraft über mich kam und meinen gesamten Körper zu durchdringen schien. Ich spürte, wie mich diese Kraft besonders dort berührte, wo ich noch immer an den Folgen meines Unfalles litt: an meinem Herzen, den Nieren und meiner Wirbelsäule. Als wir zu Ende gebetet hatten, spürte ich eine große Erleichterung. Jetzt war ich der glücklichste Mensch auf dieser Erde! Zuhause gratulierte mir meine Familie für die Entscheidung, die ich getroffen hatte und freute sich mit mir. Ich ging zu Bett und schlief tief und fest, wie schon seit Jahren nicht mehr. Erst um neun Uhr morgens wachte ich auf, obwohl ich sonst immer schon vor Sonnenaufgang auf den Beinen war. Alle Schmerzen in meinem Körper waren verschwunden und ich spürte einen tiefen Frieden in mir. Gott hatte mich komplett und vollständig geheilt! Er ist groß!

18.

Der Irrtum des Jaguars

Eine halbe Stunde bis Mitternacht. Die silbrige Sichel des Mondes liegt tief über der Urwaldlandschaft. Fast berührt sie die Wasserfläche des Flusses, die still und glatt wie ein Spiegel vor mir liegt. Alles ist in ein fahles Licht getaucht. Leise schleiche ich mich vom Schiff. Taschenlampe und Geld – das ist alles, was ich für meine nächtliche Mission brauche. In fünf Minuten werde ich am Hafen sein. Mit dem Lichtkegel meiner *Maglite*-Lampe taste ich den Trampelpfad vor mir ab. Eine Armada Blattschneider-Ameisen kreuzt den Weg. Ihre grüne Beute – winzige Blattstücke, verteilt auf hunderte Insektenrücken – schleppen sie schaukelnd durch die Nacht. Eine unendliche, mit eiserner Disziplin organisierte Kolonne. Bis zum Morgengrauen werden sie so weitermarschieren und ihren unterirdischen Bau mit ihrem Raubzug füllen. Ich hingegen bin fast am Ziel: Schwarz liegt die Silhouette des Schiffes vor mir. Erst vor einer halben Stunde hat die *Aquidaban* angelegt. Ich muss unbedingt an Bord, um meinen Auftrag zu erfüllen: einzukaufen.

Die Aquidaban ist eine nationale Berühmtheit. Das himmelblauweiß gestrichene Schiff aus Rost und Holz transportiert jede Woche ein paar Dutzend Passagiere und mehrere Tonnen Waren. Es wird auch „Der schwimmende Markt“ genannt. Auf

Deck stapeln sich unter Plastikplanen billige Möbel und Matratzen. Elektrogeräte, Bierkästen und Macheten. Säcke mit Holzkohle, Maniok und Yerba-Mate. All das ist für die Kundschaft bestimmt, die in den kleinen Häfen entlang des Flusses zum Einkaufen an Bord kommen wird. In dieser Nacht gehöre ich dazu. Wer hier seine Shopping-Tour erledigen will, braucht aber Geduld und Ausdauer: Da es auf den wöchentlichen Touren der Aquidaban keine festen Ankunftszeiten gibt, muss man auf der Lauer liegen, um sie nicht zu verpassen.

Auf meiner mentalen Einkaufsliste stehen heute Raritäten, die in der Flussregion fast immer Mangelware sind: Obst und Gemüse. Über eine durchhängende Holzbohle balanciere ich an Deck. Die Aquidaban ist ein dreckiges, abgewirtschaftetes Schiff. Überall liegt Müll herum. Hinter einer ölverschmierten Holztür brummt ein Dieselaggregat. Aber ich will schließlich keine Kreuzfahrt buchen. Hauptsache, ich kann erstehen, was ich brauche! „Que necesitas, Patron?" („Was willst du kaufen?"), fragt mich eine ältere Frau mit Strohhut und einem cigarillo im Mundwinkel. Sie sitzt auf einem Hocker, umgeben von Holzstiegen, die mit Zwiebeln, Tomaten und grünen Paprika gefüllt sind. Von der Decke hängen Dauerwürste und Knoblauchzöpfe. „Wieviel kosten die Bananen?", frage ich. Die Preise hier sind gepfeffert. Ich versuche zu handeln. Aber die Señora ist unerbittlich. Sie weiß: Hier ist sie ohne Konkurrenz. Eine Rabattschlacht mit den wenigen anderen Händlern an Bord hat sie nicht nötig. Nach fünf Minuten ziehe ich von dannen. In meiner Einkaufstüte befindet sich ein Dutzend Bananen, vier Äpfel, ein Kilo Tomaten. Wahre Schätze, hier am Rand der Wildnis. Zufrieden mit meinem Einkauf trete ich den Heimweg an.

Weniger zufrieden bin ich mit meiner Gesundheit. Seit einem Vorfall vor drei Wochen habe ich mit akuten Verdauungsproblemen zu kämpfen. Der Unfall passierte an einem ruhigen Samstagnachmittag in Concepcion. Ich war gerade dabei, eine Antenne auf dem Oberdeck des Schiffes zu installieren. Bei einem Schritt nach hinten hatte ich vergessen, dass sich dort die offene, ungesicherte Treppenluke befand. Ich verlor den Halt und stürzte rückwärts durch den Schacht aufs Unterdeck. Dass ich im Fallen kurz am Rand der eisernen Luke hängenblieb, bremste den Sturz wohl ab. Aber der Aufschlag war trotzdem so heftig, dass ich im ersten Moment dachte: „Es hat mein Rückgrat erwischt!" Ein intensiver, stechender Schmerz durchzuckte mich wie ein Stromschlag. Ich rang nach Luft und konnte kaum atmen. Fidel und Tito kamen angerannt. Mit ihrer Hilfe schaffte ich es, langsam aufzustehen und mich bis zur Kapitänskajüte zu schleppen. Dort lag ich dann stundenlang auf Juans Bett. Ich fühlte mich elend und einsam. Hämmernde Schmerzen im Rücken und die Angst, mich ernsthaft verletzt zu haben, ließen mich nicht zur Ruhe kommen. Abends bekam ich hohes Fieber. Ich betete zu Gott um Hilfe. Später fiel ich in einen unruhigen Schlaf.

Am nächsten Morgen ging es mir kaum besser, aber ich wollte mich unbedingt untersuchen lassen. Vor Schmerzen konnte ich mich kaum bewegen. Da Juan mit unserem Motorrad unterwegs war, hatten wir kein Fahrzeug zur Verfügung. So raffte ich mich auf und lief langsam in Richtung Stadtzentrum, zum *Hospital Regional*, dem örtlichen Krankenhaus. Für die etwa zwei Kilometer lange Strecke brauchte ich viel Zeit. Der Arzt, der mich untersuchte, konnte außer Prellungen nichts feststellen. Ich war erleichtert und dankte Gott. Aber trotzdem spürte ich auch jetzt noch – drei Wochen später – dass irgendetwas mit meinem Körper nicht in Ordnung war. Meine Verdauung funktionierte nicht mehr. Auch starke Medikamente hatten nicht angeschlagen. Es war fast so, als hätte der Sturz einen bleibenden Schaden in meinem Magen-Darm-Trakt hinterlassen.

Da ist Don Silvas Hammer-Meldung am nächsten Vormittag eine echte Ablenkung von meinen Sorgen. Sein sonnengebräuntes Gesicht, gekrönt mit einem grauen Haarkranz, lässt keinen

Ankerplatz gefunden!

Raum für Zweifel: „Mit Sicherheit – es war ein Jaguar!“, stellt er entschieden fest. Dabei ist Don Silva kein Kenner von englischen Sportwagen und mustert in diesem Moment auch nicht etwa frische Reifenspuren, sondern Tatzenspuren. Auch ich erkenne die Abdrücke deutlich im feuchten Sand am Flussufer. Die Raubkatze hat sich im Schutz der Dunkelheit durch die nächtliche Landschaft geschlichen. Nur einen Steinwurf von hier entfernt, hatten wir im Gemeindehaus gestern Abend noch unbeschwert Gottesdienst gefeiert und fröhliche Lieder gesungen! Schon vor einiger Zeit hatte ich gehört, dass sich die Bestände dieser bedrohten Tierart in Paraguay in den letzten Jahren erholt haben. Aber so sehr ich mich auch darüber freue, so wenig Wert lege ich auf eine persönliche Bekanntschaft mit diesem listigen Räuber. Dabei verspüre ich echte Dankbarkeit darüber, dass sich der Jaguar gestern Abend erst nach Ende des Gottesdienstes in der Nähe des Gemeindehauses herumgetrieben hat. Ein Besuch von ihm noch während der Veranstaltung hätte ganz sicher wenig Frohsinn ausgelöst.

Der Begriff Jaguar entstammt der Sprache der indigenen Gruppe der Guaraní, von denen das heutige paraguayische Volk abstammt. Der alte indianische Begriff „Yaguar" bedeutet in etwa: der Räuber, der seine Beute mit einem einzigen Sprung erlegt. Hier am Ufer des „Río Paraguay", wo wir die Tatzenspuren der Großkatze bestaunen, konnte der Jaguar mit der Beute rechnen, die ihm am meisten zusagte: ein fettes Carpincho oder auch ein Kaiman. Für den muskelbepackten Jäger im gelbschwarz gefleckten Fell ist es kein Problem, einen Kaiman im Fluss mit einem einzigen Prankenhieb außer Gefecht zu setzen und ihn dann im Maul aus dem Wasser zu schleppen. Von allen Raubkatzen hat der Jaguar das stärkste Gebiss. Damit kann er mühelos den Panzer einer Schildkröte knacken. Seine langen Eckzähne sind dabei todbringende Waffen: Mit einem einzigen Biss durch die Schädeldecke kann er damit seine Beute töten.

Wen wundert's bei diesen Attributen, dass der Jaguar nicht nur der Schrecken aller carpinchos ist, sondern auch der Alptraum aller estancieros! Die Viehzüchter, die im Gran Chaco riesige, oft aus mehreren tausend Tieren bestehende, Rinderherden besitzen, stehen auf Kriegsfuß mit dem Jaguar. Denn die imposante Raubkatze reißt nicht nur Wildschweine, Gürteltiere, Tapire oder einen Kaiman, sondern genehmigt sich zur Abwechslung auch gern ein Kalb von der Weide.

Trotz allem – manchmal wird der Jäger zur Beute. Und manchmal tappt auch der stolze Jaguar in eine tödliche Falle. In einem Dorf am Fluss erzählte man mir folgende Geschichte: Manche estancieros setzen eine alte und bewährte Taktik ein, um einen Jaguar zur Strecke zu bringen. Mit ihren Hunden gehen sie auf die Pirsch, um die Fährte der Raubkatze aufzunehmen. Obwohl es der Jaguar mit Leichtigkeit gegen eine ganze Hundemeute aufnehmen könnte, hat er Angst. Und ergreift er die Flucht. Dann stellt ihm sein eigenes Talent eine verhängnisvolle Falle: Weil er ein hervorragender Kletterer ist, erklimmt er einen

Baum. Dort wähnt er sich in Sicherheit vor den kläffenden Verfolgern. Aber es ist eine trügerische Hoffnung: Der estanciero muss nur seinen Hunden folgen – dann ist der Jaguar auf dem Baum schnell entdeckt. Jetzt ist er eine leichte Beute für seine Jäger: mit einem gezielten Schuss wird er zur Strecke gebracht. Ein tragisches Ende. Denn die stolze Raubkatze stirbt aufgrund eines Irrtums: sie überschätzt die Verfolger. Und unterschätzt ihre eigene Kraft! Sie glaubt, dass die Hunde stärker sind, und lässt sich von ihnen hetzen. Bis zum Ende.

Meine Gedanken wandern von der gelbschwarz gefleckten Katze zurück zu mir. Denn zumindest in einem Punkt sind wir beide uns ähnlich: Sich in die Enge treiben lassen – das kommt mir bekannt vor! Zwar sind es in meinem Fall keine vierfüßigen, kläffenden Verfolger, von denen ich mich einschüchtern lasse, aber dafür von meinen Sorgen und Ängste. Wenn sich der Wind dreht, verliere ich meine Zuversicht im Handumdrehen. Ich gerate in Panikstimmung. Wie kann das sein? Jesus hat uns versprochen, dass er für uns sorgt, alle Details unseres Lebens im Blick hat und uns niemals allein lassen wird. Trotzdem falle ich – und vielleicht geht es dir nicht anders – immer wieder auf die miesen Täuschungsmanöver unseres Feindes herein. Wir lassen uns beeindrucken von seinen Drohungen. Wir lassen uns einschüchtern und verlieren das Vertrauen in unseren Retter. Wir versuchen uns in Sicherheit zu bringen, auf dem schwankenden „Baum" unserer eigenen Möglichkeiten, unserer Erfahrung und Intelligenz. Das allerdings ist keine gute Idee – frag' den Jaguar! Klug ist, wer eine bessere Taktik anwendet: felsenfest mit Jesus rechnen, ganz egal wie ausweglos die Situation erscheint. Er macht uns stark, unseren Ängsten die Stirn zu bieten.

19.

Entscheidung in Fuerte Olimpo

Am Oberlauf des Río Paraguay, wo der Fluss die Grenze zu Brasilien bildet, liegt Fuerte Olimpo, eine beschauliche Kleinstadt. Wer zu einer kurzen Wanderung bereit ist, kann auf einer Anhöhe die Granitmauern der alten Militärfestung bestaunen, die der Stadt ihren Namen gegeben hat. Umgeben von Chaco-Urwald und am Fuß dreier bewaldeter Hügel gelegen, ist der Anblick, der sich jedem bietet, der Fuerte Olimpo per Schiff oder auf dem Landweg erreicht, schlicht spektakulär.

In der Umgebung gibt es einige Siedlungen der indigenen Yshyr. Während des Chaco-Krieges (1932–1935) hatten sie die paraguayischen Soldaten im Kampf gegen die bolivianische Armee unterstützt. Später verloren sie ihr Territorium aber mehr und mehr an Viehzüchter. Wie die meisten anderen indigenen Volksgruppen in Paraguay, sind auch sie in ihrer Existenz bedroht. Die rasante Abholzung des Urwaldes beraubt sie ihres natürlichen Lebensraumes. Manche Yshyr versuchen, ihre Familie mit dem Sammeln von wildem Honig über Wasser zu halten. Andere gehen fischen oder bauen auf kleinen Feldern Maniok, Süßkartoffeln, Mais und Erdnüsse an. Viele junge Yshyr haben die Region längst verlassen. Zu trostlos sind ihre Perspektiven. Sie suchen Arbeit auf den umliegenden Estancias oder in den größeren Städten des Landes. Nicht selten rutschen sie dort in Alkohol- und Drogensucht und Kriminalität ab.

Wir ankern seit mehr als einer Woche vor der steinernen Hafenmauer von Fuerte Olimpo. Die beiden weißgetünchten Türme der Kirche thronen stolz, wie das Wahrzeichen der Stadt, weithin sichtbar auf einem Hügel. Daneben weht die rotweißblaue paraguayische Flagge. Die Einwohner von Fuerte Olimpo zieht es heute aber nicht so sehr zur Kirche, sondern zum Hafen. Denn dort liegt der *Crucero del Paraguay* vor Anker. Ein mehrstöckiger Luxusliner in Mississippi-Schaufelradoptik, mit Swimming-Pool auf dem Oberdeck und Satelliten-Telefon in jeder Kabine. Ich komme mit einem Steward, der sich am Kai die Beine vertritt, ins Gespräch. Mit feierlicher Miene überreicht er mir einen Hochglanz-Werbeflyer für eine Flusskreuzfahrt. Dabei versichert er mir stolz, dass der Kreuzer auch schon für das nächste Jahr komplett ausgebucht sei. Vor allem Touristen aus den USA und Europa würden das „Komplettpaket" inklusive Linienflug nach Paraguay liebend gern buchen. Beeindruckt nicke ich mit dem Kopf. Trotzdem sehe ich heute von einer Buchung ab. Echte Abenteuer kann man nicht buchen. Außerdem erleben wir sie wesentlich preiswerter auf der Misericordia II. Freundlich verabschiede ich mich.

Die letzten Abendveranstaltungen stecken uns noch in den Knochen. Mittlerweile sind wir seit acht Tagen hier in der Stadt unterwegs, um missionarische Programme durchzuführen und mit Menschen über Jesus ins Gespräch zu kommen. Die Resonanz ermutigt uns. Zahlreiche Einwohner von Fuerte Olimpo besuchen uns auf dem Schiff. Sie bitten darum, dass wir in ihren Häusern Familiengottesdienste durchführen und für die Heilung ihrer Krankheiten beten. Im Lokalradio erhalten wir täglich eine Stunde Sendezeit. Gestern war ich als *special guest* eingeladen. Dem geplanten Interview hatte ich mit einem mulmigen Gefühl und jeder Menge Nervosität entgegengesehen. Mein lückenhaftes

Wohnhaus in Fuerte Olimpo

Spanisch reichte einfach noch nicht aus, um vor einem Mikrofon munter drauflos zu plaudern. Mit weichen Knien hatte ich mich auf den Weg gemacht. Es lief dann aber besser als befürchtet. Mit starkem Akzent und holpriger Aussprache beantwortete ich geduldig alle Fragen zu meiner Person und erzählte, was mich hier in den wilden Norden des Landes verschlagen hatte. Die Hörer waren begeistert. Manche bedankten sich beim Sender für meinen Besuch.

Heute hat Juan unsere Sendezeit übernommen. Da unser nächster Open-Air-Gottesdienst erst am Abend stattfindet, haben wir tagsüber noch Zeit, um einige Hausbesuche zu machen. Wie üblich ziehe ich mit meinem compañero Tito los. In der kurzen Zeit, seitdem ich zum Team gehöre, sind wir gute Freunde geworden, fast so, als würden wir uns schon lange kennen. Nach kurzem Fußmarsch über Wege, die mit schwarzen Bruchsteinen gepflastert sind, erreichen wir die Straße, in der wir heute mit unseren Besuchen starten wollen. Mit der schwarzen Bibel in meiner Hand könnte man uns auch für Zeugen Jehovas halten. Vor einem Haus, das aus gelben Ziegeln gemauert ist, bleiben wir stehen. Über den Bretterzaun ist Wäsche zum Trocknen aufgehängt. Hinter dem Zaun gackern ein paar Hühner. In der Nachbarschaft dudelt ein Radio. Irgendwo lärmen Kinder. Hier, in diesem Haus, werden wir unser Glück versuchen!

Türklingeln sind im Landesinneren von Paraguay so gut wie unbekannt. Deshalb gebrauchen wir, um auf uns aufmerksam zu machen, eine Technik, die auch bei Stromausfall zuverlässig funktioniert: Wir klatschen in die Hände. In der offenen Tür erscheint ein vielleicht sechzehnjähriges Mädchen. Ihre langen schwarzen Haare sind mit einem Gummi zu einem Pferdeschwanz zusammengebunden. „Adelante“ – „Herein“! Freundlich lädt sie uns auf ihr Grundstück ein. Im Hinterhof stehen zwei wackelige Holzstühle. Wir dürfen Platz nehmen. Lorena holt sich einen dritten Stuhl. Um den kulturellen Verhaltenskodex nicht zu verletzen, dürfen wir jetzt nicht mit der Tür ins Haus fallen und gleich zur Sache kommen.

Und so ergibt sich erst einmal eine lockere Konversation über das Wetter, die Schule und die landschaftlich-schöne Umgebung. Zeitdruck ist bei Besuchen in Paraguay fehl am Platz. Geduld und Fingerspitzengefühl sind gefragt. Und die Kunst der Langsamkeit. Dann ist das Eis gebrochen. „Fändest du es gut, wenn wir jetzt eine kurze Passage aus der Bibel lesen?“, fragt Tito. Lorena hat nichts dagegen. Und ich weiß: Jetzt bin ich dran! Wie wir es bei Besuchen schon oft praktiziert haben, lese ich einen spontan ausgewählten Bibelvers und Tito hält darüber eine kurze Andacht. Seine Gabe, völlig unvorbereitet, mit spielerischer Leichtigkeit eine kurze und knackige Predigt über einen beliebigen Bibeltext zu halten, ist immer wieder beeindruckend. Obwohl Tito den Text, den ich auswähle, nie vorher kennt, redet er so virtuos und engagiert, als hätte er sich lange darauf vorbereitet. Während meiner Bibelschulausbildung hatten unsere Dozenten damals alle Register von Theologie, Exegese und Dogmatik gezogen, aber das Unterrichtsfach: *Lass dich überraschen: Spontan predigen in jeder Lebenslage* hatte bedauerlicherweise nicht auf unserem Lehrplan gestanden.

Lorena hört Titos Worten aufmerksam zu. Jetzt sprechen wir über den Lebensnerv unseres Glaubens: „Rettung ist durch Jesus Christus möglich! Wir laden dich ein, diesem Jesus dein Leben anzuvertrauen. Willst du?“ Man spürt förmlich, wie diese Worte Lorenas Herz erreichen. Sie überlegt. Wir ahnen: Nur noch ein Schritt und sie wird die wichtigste Entscheidung ihres Lebens treffen! „Si – yo quiero!“ „Ja, ich will!“, kommt es leise über ihre Lippen. „Genial! Danke, unser großer Gott im Himmel!“ Vor Freude könnte ich von meinem altersschwachen Holzstuhl hochspringen und laut schreien! Wir erklären Lorena, dass wir jetzt mit ihr beten wollen und sie mit eigenen Worten Jesus in ihr Leben einladen kann. Wir schließen die Augen. Plötzlich werden wir aus unseren Gedanken gerissen. „Lorena komm’ doch schnell her!“ Es ist ihre Mutter, die ihre Tochter energisch zu sich ruft. Sie hatte wohl etwas davon mitbekommen, was sich hier gerade abspielte. Tito und ich hören, wie die Frau eindringlich und lautstark auf das junge Mädchen einredet. Nach kurzer Zeit ist Lorena zurück. Und das, was sie uns jetzt mitzuteilen hat, überrascht uns nicht: „Es tut mir leid, aber ich werde mit der Entscheidung, von der ihr gesprochen habt, noch warten. Vielleicht später.“

Ich bin enttäuscht und traurig. Weshalb hat sich diese Mutter eingemischt? Weshalb hat sie ihre Tochter nicht einfach selbst entscheiden lassen? Kurze Zeit später verabschieden wir uns. Und wieder einmal wird uns klar: An der Frage nach Jesus entscheidet sich alles. Hier geht es nicht um ein nettes Angebot zur sinnvollen Freizeitgestaltung, sondern um Leben und Tod. In der für uns unsichtbaren Welt tobt ein Kampf um das Herz jedes einzelnen Menschen. Auch um Lorenas Herz. Den heutigen Kampf hatten wir wohl verloren.

20.

Willkommen in der Anakonda-Lagune

Lautlos gleitet der olivgrüne Leib mit den schwarzen Flecken aus dem seichten Wasser auf das sandige Ufer. Niemand bemerkt die Anakonda, die im Schutz der Dunkelheit auf Jagd geht. Noch kann sie ihre Beute nicht erspähen. Trotzdem bewegt sie sich zielstrebig vorwärts. Hier, auf diesem Areal, war die listige Jägerin schon mehr als einmal erfolgreich. Auch in dieser Nacht wird ihr die Beute, auf die sie es abgesehen hat, nicht entkommen. In wenigen Sekunden schon wird sie ihr Opfer mit tödlichem Würgegriff umschlingen. Dann ist sie am Objekt ihrer Begierde angelangt: dem Hühnerstall! Geschmeidig schiebt sich die Schlange durch den schmalen Zwischenraum zweier Bambuslatten. Die Hühner haben die Gefahr längst bemerkt. Panisch gackern sie durcheinander. So, als könne ihr Lärm die Schlange einschüchtern und zum Rückzug bewegen. Doch die lässt sich vom Hühneralarm nicht beeindrucken und setzt ihren tödlichen Angriff fort. In dieser Nacht muss die weiße Legehenne dran glauben. Schnell weicht das letzte Leben aus dem Vogel. Mit gekonnten Bewegungen schiebt die Anakonda ihre Kiefer über ihre Beute und beginnt das tote Huhn zu verschlucken. Nach wenigen Minuten ist es komplett in ihrem glänzenden Leib verschwunden. Zeit, sich in Sicherheit zu bringen! Die Schlange muss verschwinden, noch bevor die Bewohner der nahen Holzhütte durch den Lärm wach werden. Doch was ist das? Beim Verlassen der Hühnerherberge bleibt die Anakonda hängen. Der Platz zwischen den Latten ist plötzlich zu eng. Sie versucht es mit Gewalt, unter Aufbietung all ihrer Kräfte. Aber umsonst – jetzt sitzt sie in der Falle. Wie schnell sich das Blatt wenden kann! Es ist das Huhn, das sie sich gerade einverleibt hat, das sie an der Flucht hindert. Am nächsten Morgen geht Rossana zu den Hühnern. Wie an jedem anderen Tag will sie die Tiere aus dem Stall lassen. Sie staunt nicht schlecht, als sie inmitten des Federviehs die vollgefressene Anakonda entdeckt! Ihre Fressgier war der Schlange zum Verhängnis geworden. Es war ihr letzter Beutezug gewesen …

Als wir an einem der nächsten Tage Familie Fernández besuchen, erzählt uns Rossana, die älteste Tochter, lachend von dieser Episode. Von Mitleid mit der Anakonda keine Spur. Immerhin gab es jetzt eine Bedrohung weniger für den familiären Hühnerbestand. Seit zwei Tagen ankert unser Schiff in einer malerischen Lagune in einem stillen Seitenarm des Flusses. Die Siedlung heißt Puerto Mouzelon. Wir zählen genau zwölf Holzhütten mit insgesamt etwa fünfzig Einwohnern. Das Dorf ist so klein, dass es auf Landkarten kaum zu finden ist. Es liegt so versteckt, dass es vom Fluss nicht zu sehen ist. Heute ist Sonntag. Obwohl die Landschaft mit den im Urwald verstreuten Hütten in der Nähe der Lagune paradiesisch, tiefenentspannt und absolut stressfrei wirkt, haben wir heute einen arbeitsreichen Tag zu bewältigen. Vormittags bieten wir im Schatten des alten Paratodo-Baumes einen Gottesdienst für die Dorfbewohner an. Danach setzen wir unser Programm nahtlos fort mit einem Bibeltreff für Jugendliche.

Jetzt bin ich an der Reihe. Elf, zwölf junge Leute haben sich auf der Wiese unter der ausladenden Krone des Baumes eingefunden. Ob sie das Interesse an Gottes Wort hierher bewegt hat oder eher die Neugier, einen „Gringo“ aus Europa in holprigem

Postkartenidylle

Spanisch zu erleben, ist mir nicht klar. Aber das spielt eigentlich auch keine Rolle. Hauptsache, die jungen Leute sind da!

Wie immer versuche ich, meine Botschaft bildhaft und mit Beispielen aus der Lebenswelt der Menschen zu vermitteln. Die Geschichte der diebischen Anakonda gibt mir dabei eine Steilvorlage, denn mir ist ein interessanter Vergleich eingefallen. Obwohl man hier fast nur in Guaraní miteinander spricht, hoffe ich, dass die Jugendlichen verstehen, was ich ihnen weitergebe. Was mir an spanischem Vokabular fehlt, versuche ich mit Mimik und gestenreicher Darbietung zu vermitteln: *Diese Schlange hielt sich für ziemlich clever und gerissen. Sie war auf verbotenem Terrain unterwegs. Aber was sollte schon passieren? Schon oft hatte alles gut geklappt! Niemand würde ihr auf die Schliche kommen. Aber dann saß sie plötzlich in der Falle. Und bezahlte ihre Gier und Unvorsichtigkeit mit dem Leben. So ähnlich geht es uns. Wir kennen die Grenzen ganz genau. Aber das Verbotene reizt uns. Irgendwann werden wir schwach und das Verhängnis nimmt seinen Lauf. Ehe wir uns versehen, sind wir auf gefährlichen Pfaden unterwegs, bre-*

Entdeckung im Urwald

chen die Regeln und halten uns für unantastbar. Eine Zeitlang geht alles gut. Aber irgendwann kommt der Tag, wo wir mit Schrecken feststellen: Wir sitzen in der Falle! Wir haben unsere Freiheit verloren. Unsere Gier hat uns betrogen und Satan hat uns am Haken. Aber im Gegensatz zur Anakonda in Rossanas Hühnerstall gibt es für uns Hoffnung und Zukunft! Einer ist gekommen, der das Gefängnis der Sünde zerstört hat. Durch ihn kann jeder und jede Vergebung, Befreiung und neues Leben finden!

Nach dem Mittagessen und der Siesta sind wir in der kleinen Siedlung zu Hausbesuchen unterwegs. Mitten im Urwald, flankiert von zwei Mandarinenbäumen, steht eine einsame Hütte. Der Ort wirkt verlassen. Wir klatschen in die Hände, um auf uns aufmerksam zu machen. Ein arthrosegebeugter alter Mann nähert sich mit schlurfenden Schritten. Tito, Juvencio und ich stellen uns vor und fragen, ob wir eine kurze Andacht halten dürfen. Der Mann ist einverstanden. Er und seine Frau hören mit ernsten Gesichtern zu. „Bete für meine Frau! Sie hat Schmerzen im Oberbauch“, bittet mich der Alte. Er ergreift meine Hand und will sie auf den entblößten Bauch seiner Frau legen. „Fühle es selbst – ihr Bauch ist nicht gesund!", redet der alte Mann eindringlich auf mich ein. Mir ist die Situation etwas peinlich und ich entgegne: „Gern bete ich für deine Frau. Es ist gar nicht nötig, daß ich sie dabei berühre!" Obwohl diese Situation trotz allen Ernstes einer gewissen Komik nicht entbehrt, bin ich dankbar für diese Begegnungen. Sie sind wie offene Türen. Denn sie ermöglichen uns, genau das zu tun, wofür unser Herz schlägt und wofür wir hier sind: Gottes übernatürliches Eingreifen zu erbitten – für die Krankheiten dieser Menschen, für ihre Ängste, familiären Probleme und für ihr ewiges Schicksal. Da stört es auch nicht, wenn ich das Krankengebet in meiner deutschen Muttersprache formuliere und danach in erstaunte Gesichter blicke.

Gestern war ein Mann mittleren Alters zu uns aufs Schiff gekommen. Mit einem besonderen Anliegen: Er bat mich um technischen Support für sein defektes Stromaggregat, denn seine Kenntnisse als Elektrike, so erklärte er uns lächelnd, hielten sich in Grenzen. Meine Begeisterung auch. Aus einem besonderen Grund: Zwar hatte ich während meiner Ausbildung zum Schlosser immer wieder mit Reparaturen zu tun gehabt. Aber eine pulsierende Leidenschaft für Motoren, Vergaser & Co. hatte ich bei mir nie feststellen können. Meine damalige Traumkarriere als Chemiker war mir in der DDR aufgrund meiner politischen Einstellung verbaut worden. Die Berufsausbildung zum Schlosser hatte ich nur als Notlösung akzeptiert. Auf dementsprechend überschaubarem Niveau bewegt sich mein Knowhow als Allround-Urwaldmechaniker. Aber da meine drei Kollegen davon ausgehen, noch weniger Ahnung von kaputten Stromgeneratoren zu haben als ich, bin ich dran. „Vater im Himmel, hilf mir, dass das keine Blamage wird! Lass mich den Fehler finden", bete ich. Dann beginne ich fachmännisch mit Kombizange und Schraubenzieher zu hantieren. Und wirklich – ich habe Erfolg.

Mit wenigen Handgriffen kann ich das Problem beheben. Alle freuen sich. Ich am meisten.

Am späten Nachmittag dieses Sonntages kehren wir zum Schiff zurück. In zwei Stunden beginnt der Abendgottesdienst, den wir ebenfalls gestalten werden. Bevor wir uns auf den Weg machen, haben wir noch Zeit, zu duschen. Von „frisch machen" kann dabei keine Rede sein, denn die Temperaturen in unserem „Bad" liegen etwa im gleichen Bereich wie in einer finnischen Dampfsauna. Dazu muss man wissen, dass unsere „Nasszelle" an Bord ein winziges, vollkommen mit Blech ausgekleidetes Kabuff ist, in dem außer der Duschbrause auch noch die Toilette untergebracht ist. Durch die Metallverkleidung heizt sich das Innere dieser Wohlfühloase dann tagsüber so stark auf, dass man es nur kurze Zeit darin aushält. Noch bevor man sich richtig abgetrocknet hat, läuft der Schweiß schon wieder in Strömen. Oft ziehen wir es deshalb vor, unsere Körperpflege lieber im Freien zu erledigen: Wir springen abends einfach in den Fluss, schwimmen ein paar Runden und seifen uns dazwischen gründlich ein. Hier in Puerto Mouzelon verzichten wir allerdings darauf: Die stille, mit Wasserlilien bedeckte Lagune, in der wir ankern, scheint das ideale Jagdrevier für Piranhas und Kaimane zu sein. Und dann wären da noch die Anakondas…

21.

Die Stunde der Jäger

Der blaulackierte Aluminiumkahn, den die beiden Männer gerade an der Anlegestelle festbinden, weckt mein Interesse. Mit geübten Handgriffen löst einer der beiden den 15-PS-Honda-Außenbordmotor aus seiner Halterung und schultert ihn. Der andere, der sein braungebranntes Gesicht unter einem aus Stroh geflochtenen Sombrero verbirgt, macht sich am Benzintank, einem roten Plastikkanister, zu schaffen.

„Mba'eichapa!" („Wie geht's?"), Freundlich habe ich die Männer gegrüßt. Ohne aufzuschauen, antworten sie mit dem obligatorischen „Iporánte" („Es geht uns bestens!"). Ich vermute, dass die beiden Fischer sind. Interessiert schaue ich in den Kahn. Vielleicht haben sie einen kapitalen Surubí, einen Mangurujú oder einen Pacú gefangen? Aber auf dem mit Holzrosten ausgelegten Boden des Kahnes liegen keine Fische, sondern ein Haufen aufgeschichteter Krokodilhäute. Der feuchte Schuppenpanzer schimmert in Farbtönen von weiß über flaschengrün bis rauchschwarz. Die Überreste der Reptilien wirken wir Relikte aus einer längst vergangenen Zeit, die man zufällig geborgen hat. „Was macht ihr damit?", frage ich die Krokodiljäger. „Wir verkaufen ihre Häute", antwortet der jüngere der beiden. Dabei ergreift er das Kleinkalibergewehr, das auf der Sitzbank des Bootes gelegen

Krokodiljäger mit Beute

hatte. Wer hier kommerziell Jagd auf Kaimane macht, der fängt sie nicht mit großkalibrigen Angelhaken, sondern tötet sie mit einem gezielten Schuss in den massigen Kopf.

Auf unseren Reisen hatte ich schon beobachtet, dass das Fleisch der Kaimane entlang des Flusses nicht besonders gern verzehrt wird. Das gute Angebot an verschiedenen Speisefischen degradiert das Krokodil nur zu einer Mahlzeit zweiter und dritter Wahl. Die lederartigen Häute dagegen sind eine begehrte Trophäe. Man zieht sie den toten Tieren ab, trocknet sie aufgespannt in der Sonne und verkauft sie. Über Zwischenhändler landen sie dann irgendwann, zu Schuhen, Gürtel oder Handtaschen verarbeitet, in den Edelboutiquen von Paris, Mailand oder Tokio. Der Rest des Krokodils wird als Abfall meist weggeworfen. Die beiden Männer sind nicht sonderlich gesprächig. Ich kann mir denken, warum: Die gewerbliche Jagd auf Kaimane und der Handel mit Häuten ist staatlich verboten. Aber das scheint die Menschen am Fluss nicht zu beeindrucken. Hier, am Oberlauf des Río Paraguay, wo es in abgelegenen Gegenden noch große Krokodilbestände gibt, kann man mit ihren Häuten leichtes Geld verdienen.

Die verbotene Jagd ist allerdings lebensgefährlich und hochriskant. Hier, wo der Río Paraguay die Landesgrenze bildet, ist die berüchtigte brasilianische Policia Forestal – eine Art staatliche Umweltpolizei, aktiv. Die schwerbewaffneten Ranger sind bestens ausgerüstet. Ihre automatischen Gewehre im Anschlag, patroullieren sie in hochmotorisierten Luftkissenbooten auf dem Fluss. Dabei operieren sie nicht nur in der Grauzone zwischen Recht und Unrecht. Oft werden sie selbst zu Gesetzesbrechern. Nicht selten bestehen diese Kommandos aus vorbestraften Kriminellen. Mit paraguayischen Fischern oder Krokodiljägern, die sie auf frischer Tat am brasilianischen Ufer ertappen, machen sie kurzen Prozess: An Ort und Stelle werden die Wilderer erschossen. Aber auch die Ranger leben gefährlich: manchmal werden sie in Hinterhalte gelockt und von den Jägern umgebracht. In manchen Regionen ist auf diese Weise ein Guerrilla-Krieg im kleinen Stil entbrannt.

Bis zum Bibeltreff heute Abend, den wir in der Billardbar *Buen amigo* durchführen wollen, haben wir noch Zeit. Tito und ich beschließen, den urwaldähnlichen Uferstreifen zu erkunden. Das Dickicht beginnt direkt neben der Anlegestelle. Wir folgen einem schmalen Trampelpfad, vorbei an stacheligen, rotblühenden Agavenpflanzen, Schilf und Gestrüpp. Von einem Gummibaum hängen unzählige fingerdicke Luftwurzeln nach unten, fast so wie die Kabel einer Elektroinstallation, die noch nicht fertig verlegt sind. Nach fünf Minuten erreichen wir eine Lichtung, direkt gelegen an einer stillen Lagune des Flusses. Das Dickicht gibt den Blick auf einen schmalen Sandstrand frei. Doch was ist das? Der Strand ist übersät mit schmutzigweißen Artefakten. Beim näheren Hinschauen entdecken wir: Es sind Knochen und ganze Skelette. Dort liegt ein Schädel, daneben ein Brustkorb. Statt an einem Traumstrand sind wir an einem Todesstrand gelandet.

Aber hier handelt es sich nicht um Menschenknochen, das sehen wir sofort. Die meterlangen Skelette mit dem länglichen Kopf sind leicht als die Überreste von Krokodilen zu erkennen. Die Reißzähne der Reptilien ragen noch immer bedrohlich aus den knöchernen Kiefern. Wir sind auf einen Krokodilfriedhof gestoßen. Nur dass sich hier niemand die Mühe gemacht hat, die Überreste der Echsen zu beerdigen. An manchen Kadavern hängen noch Fleischreste. Sie scheinen noch nicht lange hier zu liegen. Ein übler Verwesungsgestank liegt in der Luft. Uns wird klar, was hier geschehen ist: Reptilienjäger benutzen diesen einsamen Ort als illegalen Schlachthof. Hier werden den erlegten Kaimanen die Häute abgezogen. Ihre Leiber werden anschließend entsorgt, indem man sie wie wertlosen Müll einfach liegenlässt. Ameisen, Ratten und umherstreunende Hunde erledigen dann den Rest. Wir sind erschüttert. Der Menge der umherliegenden Skelette nach zu urteilen, ist dieser morbide Platz schon lange Anlaufpunkt der Jäger. Ohne Zweifel, dieser makabre Skelett-Strand hätte die besten Chancen, in die Liste von Paraguays gruseligsten *Lost Places* aufgenommen zu werden. Aber was wir hier entdeckt haben, macht mich sprachlos und traurig.

Auf unseren Reisen werden wir immer wieder Zeugen davon, wie nahe atemberaubende Landschaften und Raubbau an Paraguays Natur beieinander liegen. Es betrifft nicht nur die Kaimane, die zu Tausenden abgeschlachtet werden. Der Countdown läuft auch für andere Wildtiere, die inzwischen zu den bedrohten Arten zählen, aber trotzdem skrupellos gejagt werden: Riesengürteltiere, Riesenotter, Hyazinth-Aras. Faultiere, Sumpfhirsche und der Ozelot – eine Art Miniaturausgabe des stolzen Jaguars. Manche Tiere, wie Kapuzineräffchen, Tukane oder Aras, werden lebend gefangen und dann auf dem Mercado Pettirossi in Asunción unter der Hand weiterverkauft. Tapire, die bis zu 250 Kilogramm schweren Pflanzenfresser, die einst weite Teile der atlantischen Wälder Südamerikas bevölkerten, sind so selten geworden, dass sie kaum noch Partner zur Paarung finden. In einer in einem Fachmagazin veröffentlichten Studie lese ich später, dass Tapire nur noch in weniger als zwei Prozent ihres ursprünglichen Lebensraumes in Brasilien, Argentinien und Paraguay zu finden seien.

Der Pantanal, in dessen Ausläufern wir gerade unterwegs sind, wird von den Brasilianern gern als ihr „Garten Eden" bezeichnet. Erst vor Kurzem war ihm von der UNESCO der Status „Biosphärenreservat" verliehen worden. Der Pantanal ist fast halb so groß wie Deutschland. Ähnlich der Region Amazonien, ist er ein Hotspot an Artenvielfalt. Mehr als 580 Vogelarten und etwa 270 verschiedene Fischarten hat man hier gezählt. Zahlreiche seltene Tierarten lassen sich in den verschlungenen Sumpflandschaften in freier Wildbahn beobachten – angeblich besser als in jeder anderen Region Südamerikas. Nirgendwo auf der Welt leben mehr Jaguare als im Pantanal. Der Hyazinth-Ara mit dem enzianblauen Gefieder und den clownhaften, zitronengelben Augenflecken erscheint zu schön, um echt zu sein.

Doch über diesem Naturparadies, wie auch über dem Chaco-Urwald, schwebt das Damoklesschwert der Abholzung. Mehr als ein Fünftel der Fläche des Pantanals wurde durch menschliche Eingriffe bereits zerstört. Zur Gewinnung von Landflächen für Viehwirtschaft und Sojaanbau werden gigantische Flächen brandgerodet. Die natürliche Wildnis muss Ethanolfabriken weichen, die „Biotreibstoffe" produzieren. Mit dem Wald verschwinden nicht nur die Lebensräume der Tiere, sondern auch natürliche Wasserreservoirs wie Quellen und Bäche. Zwar existieren Gesetze, die diesen Raubbau glasklar verbieten, aber korrupte Beamte schauen bei illegalen Rodungen gern weg und bauen sich mit Schmiergeldern eigene riesige Estancias auf. So reihen sie sich ein in die Armee der Totengräber dieser einzigartigen Landschaften.

Vor einem halben Jahr hatte ich in Frankfurt das Flugzeug nach Paraguay bestiegen. In meinem Gepäck befanden sich damals nicht nur meine Angelausrüstung, Wörterbücher und wasserfeste Zündhölzer, sondern vor allem ein leidenschaftlicher Wunsch: In Südamerika wollte ich Menschen dabei helfen, Jesus Christus zu begegnen. Hier, am Río Paraguay, erlebe ich, wie wir als Team diese Mission in die Praxis umsetzen können. Jugendliche, Kinder und ältere Menschen werden durch die Kraft Gottes tiefgreifend verändert. Sie erleben Vergebung ihrer Schuld, Heilung von Krankheiten, Befreiung von Bindungen und neues Leben in Jesus. Andere Menschen entscheiden sich, das Angebot der Rettung durch Jesus auszuschlagen. Obwohl sich die Abwärtsspirale ihres Lebens immer schneller dreht, verharren sie in Schuld und einem selbstzerstörerischen Lebensstil. Das zu sehen, wie Menschen ihr eigenes Grab schaufeln, stimmt uns immer wieder traurig.

Aber hier, in Puerto Guaraní, werde ich auf drastische Weise mit einer ganz anderen Katastrophe konfrontiert. Hier geht es nicht nur um menschliche Existenzen, die von Sünde und Schuld ruiniert sind. Hier sehen wir auch die verheerenden Folgen eines vom Schöpfer losgelösten Lebensstils: eine misshandelte, zerstörte Schöpfung. Hier haben Menschen nicht nur einen ökologischen Fußabdruck hinterlassen. Hier hat man Gottes gute Gaben profitgeil zertrampelt und zertreten. Und ich ahne, dass christliche Mission, die bleibend verändern will, ihren Fokus nicht nur auf das Seelenheil der Menschen einstellen darf. Auch wenn Missionare sich Umweltschutz eher selten auf ihre Fahnen schreiben, ist es kaum im Sinne des Schöpfers, dieses Thema auszublenden.

Für jedes Tier einen Namen erfinden, so lautete die erste Arbeitsbeschreibung des Schöpfers für den ersten Natur-Fachmann namens Adam. Eine spannende Aufgabe, die Fantasie und Ideenreichtum erforderte. Nicht wenige dieser Tiere sind in der Zwischenzeit komplett verschwunden. Den Garten Eden bebauen und bewahren – diese doppelte Mission war der zweite Auftrag des Universums-Erfinders für den weltweit ersten Landwirtschaftsexperten namens Adam. Ich ahne, dass vor allem der zweite Teil dieses Auftrages aktueller ist denn je. Noch ist es nicht zu spät. Noch kann die Flusslandschaft des Río Paraguay mit ihrer wilden Schönheit verzaubern. Noch ist das Paradies nicht gänzlich verloren. Und vielleicht können wir unseren paraguayischen Freunden dabei helfen, diesen Auftrag des Schöpfers neu zu entdecken.

22.

Anker im Sturm

Seit mehreren Stunden sind wir unterwegs. Flussabwärts, mit der Strömung, kommen wir zügig voran. Am Ufer ziehen die immer gleichen Landschaften vorbei: der undurchdringliche Busch des Chaco-Urwaldes, durchsetzt mit olivgrünen Säulenkakteen. Dazwischen die Reste von schwarz verkohlten Bäumen. Wie düstere Mahnmale recken sie ihre verbrannten Aststümpfe in die Höhe und erinnern an irgendeinen Feuersturm, der hier durch den Wald gefegt ist. Die Buschlandschaft wird hin und wieder unterbrochen von Viehweiden und Palmenhainen. Hier und dort versteckte Buchten, in denen Fischerboote im seichten Wasser schaukeln. Tiere lassen sich nur selten blicken.

Aber auf einer Pindó-Palme hockt eine Gruppe Truthahngeier und hält Ausschau nach der nächsten Mahlzeit: vielleicht ein Tierkadaver, den der Fluss anspült? Vielleicht ein verendetes Rind auf der nahen Weide? Einen Schönheitswettbewerb werden diese gefiederten Aasfresser nicht gewinnen. Und meine Sympathie für diese kahlköpfigen Gesellen, deren größtes Glück darin besteht, mit ihren scharfen Schnäbeln verwesende Fleischstücke aus einem stinkenden Kadaver herauszuhacken, hält sich in Grenzen. Aber das ist den Geiern egal.

Ihr Schöpfer hat sie zwar nicht mit Liebreiz und Anmut gesegnet. Dafür aber mit anderen Superlativen: ihr Geruchssinn ist so ausgeprägt, dass sie Aas auch aus mehreren Kilometern Entfernung wahrnehmen können. Die Schwingen der Geier sind stark, ihr Körperbau robust und ihr Magen noch robuster. Giftige Bakterien, gefährliche Mikroben und Toxine, von denen es im Aas nur so wimmelt, machen ihnen gar nichts aus. Ihr Magen gleicht einer Hardcore-Chemiefabrik, die den Kadaver-Giftcocktail sterilisiert und in wertvolle Nahrung verwandelt. Woran die meisten anderen Tiere jämmerlich verenden würden, das sind für die Geier nahrhafte Leckerbissen. Forscher haben herausgefunden, dass Geier sogar Anthrax, das Gift des Milzbranderregers, ohne Probleme vertragen. Bekanntlich ruft eine Fress-Orgie dieser schwarzen Aas-Feinschmecker bei Beobachtern wenig erhebende Gefühle hervor: mit ihren stahlharten Schnäbeln reißen sie Löcher in die halbverwesten Kadaver; rupfen Eingeweide und Fleisch heraus. Blut spritzt und es stinkt bestialisch. Aber auf diese Weise beseitigen sie nicht nur verendete Tiere, sondern recyclen den tierischen Biomüll sogar noch zu wertvoller Nahrung für sich selbst. Als Hygiene-Polizei sind sie für das biologische Gleichgewicht im Urwald deshalb unverzichtbar.

Bald ist die Palme mit den Geiern außer Sichtweite. In etwa einer Stunde müssten wir den Hafen von Concepcion erreichen. Wir sind müde und freuen uns darauf, bald an Land gehen und einige Tage pausieren zu dürfen. Hinter uns liegt eine anstrengende Missionsreise. Fast drei Wochen waren wir mit dem Schiff unterwegs. Evangelisationen in sieben verschiedenen Fischerdörfern und Siedlungen. Open-Air-Gottesdienste, Schulungen für Gemeindemitarbeiter, Hausbesuche. Dankbar blicken wir auf viele Begegnungen zurück. Und auf Gottes Handeln, das wir erleben konnten: Menschen haben sich entschieden, Jesus nachzufolgen, sind von Krankheiten, Schmerzen und dämonischen Belastungen befreit worden. Andere wurden neu ermutigt, ihre

Ortsgemeinde zu unterstützen und mit Zeit, Geld und ihren Gaben mitzuhelfen. Aber so bewegend es auch war, Zeuge dieser Wunder zu sein, wir fühlen uns ausgepowert und brauchen ein paar Tage Auszeit. Diese Reisen sind eben keine gemütlichen Ausflugsfahrten, sondern Front-Einsätze. Geistliche Kämpfe in der unsichtbaren Welt, um das ewige Schicksal von Menschen, sind dabei keine mystischen Fantasien, sondern biblisch-bezeugte Realität. Diese Kämpfe fordern ihren Tribut. Körperlich und mental. Wir sind müde.

Und Sekunden später plötzlich hellwach. „Das sieht nicht gut aus“, ruft mir Juan zu. Mit zusammengekniffenen Augen schaut er gen Himmel. Der hat sich innerhalb kurzer Zeit mit einer schmutziggrauen Wolkenschicht bedeckt. Von der Sonne ist nichts mehr zu sehen. Am Horizont türmen sich schwarze Wolkenformationen auf. Rasant ziehen sie in unsere Richtung. Wir fahren genau in eine Unwetterfront hinein. „Wir müssen sofort ans Ufer! Anker auswerfen! Das Schiff mit Seilen festbinden und sichern.“ Ruhig, aber bestimmt gibt unser Kapitän die Kommandos. Wir drehen bei und legen Minuten später an einer Böschung an. Das Ufer ist mit dichtem Gestrüpp bewachsen. Der Wurfanker fliegt an Land. Tito springt hinterher. Schnell hat er zwei geeignete Bäume gefunden, an denen er jeweils ein Seil befestigt. Die anderen Enden verzurrt er mit geübten Handgriffen an der Reling des Schiffes. „Rápido! Rápido!“, mahnt Juan. „Schneller!“ „Weshalb diese Panikstimmung?“, denke ich. Warum wollen wir hier, festgebunden am Ufer, Zeit verlieren? Schließlich erwarten wir keinen Tsunami und unser Boot liegt auch nicht in der stürmischen See vor Kap Hoorn. Ein tropischer Monsunregen auf einem Fluss, ein paar Blitze und Donner – was soll daran so furchterregend sein?

Drohend, schwer wie Blei, hängen die schwarzen Wolken jetzt genau über uns. Aus der frischen Brise ist ein starker Wind geworden. Innerhalb einer Minute steigert er sich zu einem hef-

Flusslandschaft

tigen Sturm. Erschrocken bin ich Zeuge, mit welcher Schnelligkeit das Wetter umschlägt. Wie im Zeitraffertempo verdunkelt sich das Ambiente. Da peitschen auch schon die ersten Regentropfen auf uns nieder. Schnell wird daraus eine Sturzflut, die auf das Blechdach des Schiffes prasselt. Dazu heult der Sturm ein gespenstisches Lied. Mir ist nicht nach Singen zumute. Die idyllische, sonnenüberflutete Flusslandschaft hat sich in ein tobendes Unwetter verwandelt. Hoffentlich überstehen wir dieses Chaos unbeschadet!

Zinggg – ein Schlag wie ein Peitschenknall. Wir zucken zusammen. Was ist passiert? Der Orkan hatte sich mit solcher Gewalt gegen die Aufbauten der Misericordia II gelegt, dass eines der Sicherungsseile gerissen ist. Rings um uns türmen sich inzwischen hohe Wellen auf. Ich kann kaum glauben, was ich sehe: Der Sturm peitscht das Wasser mit solcher Heftigkeit, dass hoher Wellengang entstanden ist, wie ich ihn sonst nur von einem stürmischen Tag am Meer kenne. Brecher rollen gegen unser Schiff an und schlagen über Bord. Das gelbbraune Wasser läuft ins

Schiff. Aus dem träge dahinfließenden Río Paraguay ist eine gefährliche, aufgewühlte See geworden. Niemals hätte ich das für möglich gehalten, hier mitten im geschützten Binnenland. Aber genauso schnell, wie das Unwetter über uns hereingebrochen ist, tritt es bald den Rückzug an. Der Sturm legt sich, das Wetter klart auf und schon bald spiegeln sich in den Pfützen an Deck die Strahlen der Nachmittagssonne. Puh – das war knapp, denke ich. Der Schrecken sitzt mir noch in den Knochen. Gut, dass meine Kollegen nicht so naiv waren wie ich. Gut, dass sie vorbereitet waren und unser Schiff vorher in die richtige Position, in Sicherheit gebracht hatten! Juan scheint meine Gedanken zu erraten: Lachend ruft er mir zu: „Reinaldo, alles okay bei dir?“

Heute, Jahre später, denke ich an andere Stürme, die mitunter – wie der Blitze aus blauem Himmel – über unser kleines Lebensschiff herfallen können. Alles läuft bestens, jahrelang. Doch dann bricht ein Schicksalsschlag wie ein verheerendes Unwetter über uns herein. Kein Stein bleibt auf dem anderen. Wir versuchen, uns gegen alle Unglücks-, Not- und Störfälle abzusichern. Aber die Annahme, dass unser Leben „sicher“ sei, wenn wir nur ausreichend „vorsorgen“, ist trügerisch. Unsere Welt, auch unser kleiner, privater Kosmos, ist viel zerbrechlicher, als wir glauben. Unterm Strich ist es so wenig, über das wir wirklich die Kontrolle haben.

Ereignisse, von denen wir nie gedacht hätten, dass sie eines Tages auch unsere Familie erreichen könnten, überrollen uns wie ein Tsunami. Reißen unser Leben aus seinen Verankerungen. Der Boden unter unseren Füßen schwankt. Manchmal zerbricht er und wir haben den Eindruck, ins Bodenlose zu fallen. Eine unerwartete Diagnose, eine lebensbedrohliche Krankheit, ein schrecklicher Unfall, Scheidung, der Tod eines geliebten Menschen, plötzliche Arbeitslosigkeit … Die Liste der Katastrophen, die unser so gut organisiertes Leben praktisch über Nacht aus der Bahn werfen können, ist lang. Dass unser Lebensschiff auf seiner

Reise bis zum Ziel von allen diesen Unwettern verschont bleibt, das hoffen wir. Und dafür beten wir. Aber irgendwann wird diese Hoffnung von der harten Wirklichkeit überrollt. Der Sturm tobt. Das Schiff kämpft mit den Wellen.

Eins ist sicher: Wenn es passiert, ist es zu spät, sich darauf vorzubereiten. Wenn der Orkan losbricht, kann man nicht beginnen, nach einer stillen Bucht Ausschau zu halten. Auch wenn wir nicht wissen, was die Zukunft für uns bereithält, sind wir weise, uns auf den Ernstfall vorzubereiten. Dafür zu sorgen, dass unser Lebensschiff einen sicheren Ankerplatz hat. Einen belastbaren Halt – in einer innigen Beziehung zu Jesus Christus. Und weil von dieser Beziehung alles abhängt, sind wir weise, wenn wir alles dafür tun, dass sie stetig wächst und sich vertieft, dass sie frisch und lebendig bleibt. Wenn wir in ruhigem Fahrwasser unterwegs sind – und nicht erst, wenn unser Boot zu kentern droht –, dann ist die beste Zeit, Jesus zu suchen. Unser Leben immer fester an ihn zu binden.

Wie ein Baum in der Erde, so sollt ihr in Christus fest verwurzelt bleiben, und nur er soll das Fundament eures Lebens sein.

(Kolosser 2,7a)

23.

Auf der falschen Seite

Zurück im Heimathafen! Unsere dreiwöchige Missionstour liegt hinter uns. Jetzt freuen wir uns, hier in Concepción für einige Tage den Luxus der Stadt genießen zu können: eine eisgekühlte Coca-Cola im Straßencafé trinken; beim Schlendern über den Obstmarkt das quirlige Treiben beobachten; ein neues T-Shirt kaufen; im Internetcafé Mails aus der Heimat lesen. Endlich kann ich auch die handgeschriebenen Briefe, die in den letzten Wochen unterwegs entstanden sind, im alten Postgebäude abgeben und auf ihre lange Reise nach Deutschland schicken. Wer so wie wir längere Zeit in der Wildnis oder „auf dem Wasser" unterwegs war, lernt die einfachen Dinge neu schätzen: eine Steckdose, an die man sein Notebook anstecken kann; ein Ventilator neben dem Bett, der nachts für Kühlung sorgt, und Eis für den Tereré, das man hier in jedem kleinen Laden kaufen kann. Es gehört in Paraguay, genauso wie das Yerba-Pulver für den Mate-Tee, zu den Grundnahrungsmitteln.

Wie fast immer, wenn die Misericordia II von einer mehrwöchigen Missionsreise nach Concepcion zurückkehrt, ankert sie im Barrio San Antonio. Das ist ein Stadtviertel, das von Fischern, auf der Straße spielenden Kinder und niedrigen Häusern aus unverputzten Ziegeln geprägt ist. Umherstreunende Hunde sind genauso omnipräsent wie der überall herumliegende Müll. Kanalisation gibt es, wie in den meisten Städten des Landes, keine. In schlammigen Rinnsalen neben der Straße suchen sich die Abwässer ihren Weg zum Fluss. Am Ufer, im schmutzigtrüben Wasser, wäscht eine dickliche Frau mit Schürze gerade zwei Schüsseln voller Wäsche. Dabei schlägt sie mit einer Art Holzkeule immer wieder klatschend auf die Wäschestücke ein. Tito erklärt mir, dass sich der Schmutz dadurch besser lösen würde. Wieder was gelernt!

Gleich an unserem Ankerplatz befindet sich die *Pescadería San Antonio*, eine Art Fischladen, in dem Hobby- und Berufsfischer ihren Fang verkaufen. Meistens beschränkt sich die Inneneinrichtung einer Pescadería auf eine Waage und zwei bis drei riesige Kühltruhen. Wenn diese geöffnet werden, kommt man aus dem Staunen nicht heraus: Hier lagern mitunter meterlange Surubís und Piranhas im Dutzend, die auch noch tiefgefroren mit ihrem geöffneten zahnbestückten Maul drohen. Mitunter erblickt man auch einen imposanten Manguruyú, einen Riesenwels. Mit seinem dunkelgrünen Leib, dem breiten Maul und den beiden Antennen auf seinem Kopf wirkt er wie ein Wesen aus einer anderen Welt. Aber er könnte auch direkt der TV-Dokumentation *Flussmonster* entsprungen sein, in der Profi-Angler Jeremy Wade rund um den Globus Jagd auf die gefährlichsten Fische macht. Nicht selten beinhalten diese interessanten Kühltruhen auch ausgenommene Yacarés, ein Gürteltier, noch mit Panzer, oder ein zerlegtes Carpincho. Wer keine Lust hat, eins der tiefgefrorenen Tiere im Ganzen zu kaufen, kann sich mit der elektrischen Bandsäge die passende Portionsgröße absägen lassen. Die schäbige Hütte mit Wellblechdach, welche die Pescadería San Antonio darstellt, steht allerdings in starkem Kontrast zur erhabenen Hoheit des katholischen Heiligen, der besagtem Geschäft seinen Namen geliehen hat. Nach paraguayischer Tradition ist San Antonio unter anderem der Schutzpatron der „verlorenen Dinge".

Concepcion

Man betet zu ihm, wenn man Verlorenes wiederfinden will. Was dieser Name mit dem Fischladen zu tun hat, erschließt sich mir selbst nach intensiver Gedankenakrobatik nicht.

Heute Abend steht uns der Sinn jedoch nicht nach gegrilltem Carpincho oder Fischsuppe. Wir wollen den Gottesdienst einer nahegelegenen Gemeinde besuchen. Nach einer halben Stunde Fußmarsch über staubige Erdwege, quer durch das Wohnviertel, sind wir angekommen. Der Gottesdienst hat schon begonnen. Auf feste Anfangszeiten legt man in Paraguay nicht allzu viel Wert. Pünktlichkeit ist vielleicht eine deutsche Tugend. Südamerikaner gehen damit eher locker um. Begonnen wird, wenn fast alle da sind. Und so trudeln auch noch 20–30 Minuten nach offiziellem Beginn Besucher ein. Aber auch die Dauer der Gottesdienste variiert sehr stark – je nach Verfassung des Predigers. Ist er richtig in Fahrt, schaut niemand auf die Uhr.

Später werde ich während meines Einsatzes immer wieder über die natürliche Redebegabung vieler Paraguayer staunen. Oft sprechen sie ohne Manuskript und mit nur wenig oder gänzlich ohne Vorbereitung. Mit Leidenschaft und körperlichem Einsatz ziehen sie alle Register der Redekunst und schaffen es, dass der Funke auf die Zuhörer überspringt. Oft spürt man unmittelbar, wie Gottes Geist durch die Redner wirkt und Menschen direkt anspricht. Fast neidisch denke ich an uns deutsche Prediger: Nach jahrelanger Ausbildung an Bibelschulen und Seminaren sind wir oft mit allen Wassern der Theologie und Dogmatik gewaschen. Hinter dem Pult jedoch fällt es uns eher schwer, ein Feuerwerk der Redekunst abzubrennen und Herzen damit in Brand zu setzen. Ohne Zweifel, als stolze Erben Luthers beherrschen wir deutschen Prediger unser Handwerk: Unsere Ansprachen sind klar gegliedert, wohlformuliert, dogmatisch hieb- und stichfest, garniert mit Anekdoten und Humor. Die Leute verstehen, was wir sagen wollen. Aber echte Kraft, die das Leben tiefgreifend und bleibend verändert, geht nicht immer von ihnen aus. Und hinter dem Pult leidenschaftliche Gefühle zeigen – so wie es die Zuhörer hier erwarten –, das wurde mir in meiner Ausbildung nie beigebracht.

Dabei muss ich an einen Witz denken: Ein Superintendent ermahnt seine (deutschen) Pfarrer, endlich mit mehr Begeisterung und Hingabe zu sprechen und nicht hölzern und unbeweglich wie ein Mehlsack auf der Kanzel zu stehen. Er ermutigt die Männer, beim Predigen auch ihre Mimik einzusetzen. Seinen Appell veranschaulicht er mit einem Beispiel: „Wenn ihr über den Himmel predigt, dann müsst ihr ein freundliches Gesicht aufsetzen!" „Aha", erwidert einer der Angesprochenen, „und wenn wir über die Hölle predigen?" „Dann könnt ihr so bleiben, wie ihr seid!"

Wir setzen uns auf die wenigen noch freien Stühle. Stehen aber gleich wieder auf – denn jetzt beginnt die Tiempo de Alabanza, Lobpreiszeit. Einige Jugendliche gehen zu ihren Instrumenten auf der Bühne und starten ihren Einsatz. Notenblätter braucht hier niemand. Obwohl der Gottesdienstraum eher klein und eng ist, beginnen zum Sound von E-Gitarre und Keyboard riesige Lautsprecherboxen zu dröhnen und zu hämmern. Schnell wird mir klar: auch Besinnlichkeit und Stille ist kein großer Wert in der paraguayischen Gemeindekultur. Zu mitreißender Musik klatschen wir alle mit und bewegen uns im Takt der fetzigen Lieder.

Eine junge, stark geschminkte Dame mit nach hinten gekämmten Haaren führt durch das Programm. Doch plötzlich traue ich meinen Ohren kaum: Mit strahlendem Lächeln kündigt sie den nächsten Redner an: „Jetzt freuen wir uns auf den jungen deutschen Missionar und sind gespannt auf seine Botschaft!" Da ich im Raum keinen anderen deutschen Landsmann, der als Missionar arbeitet, entdecken kann, wird mir schlagartig klar: Es geht um mich! Wie vom Donner gerührt, erhebe ich mich. Um die Flucht zu ergreifen, ist es längst zu spät, denn alle Augen im Saal sind erwartungsvoll auf mich gerichtet. Meine Knie sind weich wie eine überreife Mango. Mein Magen fühlt sich an, als hätte ich viel zu viel Chorizo, die berühmte paraguayische Bratwurst, gegessen. Mechanisch bewege ich mich vor zum Pult. In meinem Kopf fahren die Gedanken Achterbahn. Mein Lächeln ist pure Fassade. Was soll ich jetzt nur sagen? Ich bin völlig unvorbereitet. Doch dann schießt der rettende Gedanke durch mein Hirn, es ist eine echte Erleuchtung: Ich werde einen Bibelvers vorlesen! Das passt immer!

Einen jungen, schick gekleideten Mann, der in der ersten Reihe sitzt, bitte ich, mir kurz seine Bibel auszuleihen (eine Entscheidung, die ich später noch bereuen sollte). Ich habe mich entschieden, die Passage Matthäus 7,7 zu lesen: *Bittet, so wird euch gegeben; suchet, so werdet ihr finden; klopfet an, so wird euch aufgetan* (Luther). Im Handumdrehen würde ich diesen Vers finden. Doch leider scheint sich das biblische Versprechen ausgerechnet jetzt nicht zu erfüllen: Trotz intensiver Suche finde ich den Vers nicht! Nervös blättere ich vor und zurück. Meine Gesichtsfarbe ändert sich von aschfahl in signalrot. Ich kann es nicht fassen –

aber die entsprechende Stelle ist unauffindbar. Den Vers aus dem Gedächtnis, live auf Spanisch weiterzugeben, das traue ich mir nicht zu. Vor Scham könnte ich im Erdboden versinken. Und so ist mein Auftritt schon wieder vorbei, noch bevor er so richtig begonnen hat. „Das war ein wirklich cooler Einstand als Missionar, in dieser Gemeinde", denke ich. Als der Gottesdienst beendet ist, gebe ich Humberto, dem jungen Mann, seine Bibel zurück und erkläre meinen Blackout: „Du wirst es nicht glauben, aber ich war so aufgeregt, dass ich den Vers in Matthäus 7 einfach nicht gefunden habe!" Die Antwort von Humberto macht mich dann erneut sprachlos: „Ach so. Ja weißt du, genau diese Seite fehlt schon lange in meiner Bibel!"

24.

Anker verloren, neue Freunde gefunden

Kurs auf Puerto Colón! Am Nachmittag sind wir von Concepcion aus gestartet. Unser Ziel ist eine 30 Kilometer entfernte Siedlung am Fluss. Gemäß den offiziellen Daten der letzten Volkszählung gibt es in Paraguay noch etwa 5 700 Enxet, Mitglieder der gleichnamigen indigenen Ethnie. Eine kleine Gruppe von ihnen lebt in Puerto Colon auf dem Areal einer riesigen Estancia. Obwohl sich die Enxet traditionell der Jagd und dem Sammeln von Wildfrüchten widmen, können sie heute kaum noch davon leben. Durch Viehzüchter sind große Teile des Chaco-Urwaldes gerodet worden. Mit dem Dschungel sind auch die Tiere verschwunden. Und so gehört es heute zu den absoluten Seltenheiten, einen Tapir, Ameisenbär, Sumpfhirsch oder Puma in freier Wildbahn anzutreffen. Viele Männer der Enxet sind so gezwungen, ihre traditionelle Lebensweise zu verlassen und als Personal auf den Estancias zu arbeiten. Obwohl die Regierung den indigenen Völkern im Chaco größere Ländereien als Lebensraum überschrieben hat, ereignen sich immer wieder Übergriffe. Viehzüchter fallen in diese Territorien ein. Mit Bulldozern und Kettensägen fällen sie Bäume, um Weideland zu erschließen. Um bewaffneten Konflikten aus dem Weg zu gehen, ziehen sich die Enxet, Sanapaná oder Chamacoco meistens zurück und ertragen den schleichenden Landraub. Paraguays Regierung könnte in diese Konflikte eingreifen, um die Rechte der Indigenen zu schützen. Aber die ausufernde Korruption führt dazu, dass die meisten Amtsträger und Bürokraten lieber wegschauen oder tatenlos zusehen. Oft sind es dann christliche Hilfsorganisationen, die diesen Menschen beistehen. Man verteilt Lebensmittel und bietet medizinische Versorgung an. Für landwirtschaftliche Projekte, wie den Anbau von Erdnüssen, Maniok oder Baumwolle, wird Starthilfe angeboten. Aber auch die Gründung von Gemeinden ist ein wichtiges Anliegen.

So wie in Puerto Colón. Dort gibt es unter den Enxet mittlerweile eine Gruppe von Christen. Wir wollen sie mit der Misericordia II besuchen, mit ihnen Gottesdienst feiern und auch eine Taufe durchführen. Mit an Bord ist heute Isidoro, Pastor einer Gemeinde in Concepcion, die sich schon seit längerer Zeit um die Enxet kümmert. Isidoro hat seine ganze Familie mitgebracht: Andreza, seine Frau, die Söhne Carlos und Nestor sowie seine Töchter Esther und Arely – alle im Teenageralter. Mit der beschaulichen Ruhe auf dem Schiff ist es vorbei. Fröhliches Lachen hallt über das Deck. Im Gang stehen Rucksäcke, Reisetaschen, eine Gitarre und eine zusammengerollte Matratze. Langweilig wird unsere Reise ganz sicher nicht. Einsam werden wir uns auch nicht fühlen und bei so vielen Frauen an Bord wird auch unsere Küche keinesfalls kalt bleiben.

Noch vor Einbruch der Dunkelheit werfen wir an einer idyllisch wirkenden Stelle im Fluss unseren Anker aus. Hier wollen wir übernachten und erst morgen früh unsere Reise fortsetzen. Die Ufer sind mit Dickicht zugewuchert. Irgendwo zwischen den tellerförmigen Blättern der Wasserlilien quakt ein einsamer Frosch. Ob er sich über unsere Anwesenheit freut, ist schwer zu sagen. Zwei metallisch glänzende Libellen nähern sich der weißvioletten Blütenstaude einer Aguapé-Pflanze. Wie Mini-Helikopter stehen die geflügelten Kundschafter scheinbar regungslos in der

Luft. Nur um kurz darauf blitzschnell ihre Position zu wechseln. In Bruchteilen von Sekunden, viel zu rasant für das menschliche Auge, vollführen sie Flugmanöver, die jeden Hubschrauberpilot neidisch machen würden. Abends leuchten wir mit unserer Taschenlampe über die Wasseroberfläche. An manchen Stellen wird der Strahl von zwei nebeneinanderliegenden orangefarbenen Leuchtpunkten reflektiert. Es sind die Augen von Brillenkaimanen, die in der Dunkelheit auf Lauer liegen. Trifft sie der Lichtstrahl, tauchen sie lautlos weg und verschwinden in der Tiefe des Flusses. Hin und wieder ertönt ein dumpfes Bellen, mit dem sich die Reptilien untereinander verständigen. Große Lust, jetzt eine Runde Schwimmen zu gehen, verspüre ich nicht.

Fünf Uhr morgens. An Deck bewegen sich im Dunkeln die ersten verschlafenen Gestalten aufrechten Ganges vorwärts. Das Schiff wird startklar gemacht. Bis zum Tagesziel in Puerto Colón werden wir drei bis vier Stunden unterwegs sein. Doch bevor wir aufbrechen, steht noch eine lästige Pflicht auf dem Programm. Aus dem Maschinenraum müssen – so wie an fast jedem Morgen – noch mehrere hundert Liter Wasser geschöpft werden. Irgendwo muss sich eine undichte Stelle befinden, durch die das Flusswasser ins Schiff eindringt. Es wird höchste Zeit, sie zu finden, um diese unfreiwillige morgendliche Fitnessübung wieder loszuwerden! Doch bevor es so weit ist, müssen wir mit Eimer und Muskelkraft aktiv werden. Tito steigt hinab in den Maschinenraum, ich nehme ihm von oben die mit Wasser gefüllten Eimer ab und leere sie über Bord. Nach zehn Minuten ist alles erledigt. Ich schließe die Öffnung zum Laderaum mit der eisernen Abdeckung.

Jetzt kann es losgehen. Tito betätigt den Anlasser. Aus dem Schlaf geweckt, heult der Mitsubishi-Dieselmotor auf. Nach einer Weile erhöht Tito die Drehzahl und lässt ihn auf vollen Touren laufen. Die Schiffsschraube wirbelt Sand und Schlick auf. Das ganze Schiff vibriert, aber es bewegt sich keinen Zentimeter. Wir

Tito testet einen Esel in Puerto San Carlos

sitzen auf einer Sandbank fest! Durch die starke Strömung des Wassers verändert sich die Beschaffenheit des Flussgrundes oft über Nacht. Die Aussicht, jetzt im Dunklen ins hüfthohe Wasser steigen zu müssen, um das Schiff zu schieben, lässt keinen von uns in Jubelstürme ausbrechen. Myriaden von Moskitos stürzen sich auf uns. Schadenfroh nutzen sie unsere Situation aus. Nach einigen Versuchen gelingt es uns, das Schiff freizubekommen. Erleichtert steigen wir aus dem Wasser. „Que suerte – lo logramos!" („Wir haben es geschafft!") Unsere Freude währt jedoch nicht lange, denn weit kommen wir nicht.

Gefühlte dreißig Sekunden später: Mit versteinertem Gesichtsausdruck erklärt der Steuermann: „Das Ruder reagiert nicht. Das Schiff lässt sich nicht mehr steuern!" Obwohl Tito für jeden Spaß zu haben ist, meint er es diesmal ernst. Ohne Zeit zu verlieren, machen wir uns mit Taschenlampe und Werkzeug auf die Suche. Im Laderaum werden wir fündig: ein Stahlseil, welches das Ruder betätigt, hat sich gelöst – so die unerfreuliche Diagnose. Mit Schraubenschlüssel und Zange beginnen wir, in der Enge das

Laderaumes zu hantieren. Pastor Isidoro versucht sich derweil an Deck in Schadensbegrenzung: Wie ein waschechter Pirat, der gerade ein Schiff entern will, schleudert er einen Wurfanker, der an einer dünnen Kette befestigt ist, in Richtung Ufer. Er hofft, auf diese Weise Halt in einem Baum oder Busch zu finden. Statt einem triumphalen Siegesschrei, ertönt aus seinem Mund aber die nächste Katastrophenmeldung: „Die Kette ist gerissen! Ich habe den Anker verloren!“ Jetzt ist das Desaster komplett: Völlig manövrierunfähig wird unser Schiff nun im Dunkeln von der starken Strömung des Río Paraguay mitgerissen. Was passieren würde, wenn wir jetzt einen im Wasser treibenden Baumstamm oder einen Felsen unter der Wasserlinie rammen, will ich mir lieber nicht vorstellen. Aber auch Tito hat wenig Interesse daran, als U-Boot-Kapitän in die Geschichte des Missionsschiffes einzugehen. So arbeiten wir beide verbissen weiter, um die Mechanik des Steuerruders zu reparieren. Nach einer Viertelstunde wischen wir uns erleichtert den Schweiß von der Stirn: geschafft! Das Schiff lässt sich wieder steuern. Gott hat seine schützenden Hände über uns gehalten und uns vor einer Katastrophe bewahrt.

Nach vier Stunden erreichen wir die Anlegestelle von Puerto Colón. Eine Gruppe Enxet winkt uns vom Ufer aus fröhlich zu. Schon seit Stunden werden wir erwartet. Jetzt kann der Gottesdienst beginnen. Feste Anfangszeiten und ein geplantes Programm gibt es bei diesen Veranstaltungen nicht. Man beginnt, wenn alle eingetroffen sind. Im Schatten unter Karandý-Palmen machen wir es uns bequem. Obwohl Bequemlichkeit hier relativ ist: als Sitzgelegenheiten dienen uns herumliegende, dicke Äste und hockerähnliche, runde Abschnitte aus zersägten Palmenstämmen. Eins ist damit schon mal sicher: Einschlafen wird auf diesen steinharten Survival-Hockern niemand während der Predigt.

Gemäß dem paraguayischen Grundsatz: *Spontanität und Improvisation sind schon die halbe Miete* – hat mich Pastor Isidoro erst vor Kurzem gefragt, ob ich die Predigt halten könne. Inzwischen bin ich auf diese Überraschungen schon eingestellt und komme seiner Bitte gern nach. Spontan war mir die Idee gekommen, unsere abenteuerliche Odyssee unterwegs in meine Ansprache einzubauen. Und so spreche ich darüber, dass die Bibel, Gottes Wort, wie ein Steuerruder funktioniert. Sie will uns helfen, Etappen durch schwierige, gefährliche Gewässer gut zu meistern, auf Kurs zu bleiben, auch in turbulenten Situationen. Die Zuhörer verstehen gut, wovon ich spreche. Oft sind sie selbst mit Motorbooten auf dem Fluss unterwegs. „Wo wir das Schiff unseres Lebens nicht mehr von diesem Ruder, das Bibel heißt, steuern lassen“, so führe ich aus, „ist der nächste Unfall nur eine Frage der Zeit! Früher oder später werden wir auf Grund laufen, kentern oder halt- und ziellos von irgendeiner Strömung mitgerissen werden. Achte auf das Steuerruder deines Lebens – es hält dich auf Kurs!“

Danach feiern wir gemeinsam Abendmahl. Und wieder einmal wird mir klar: Um echte Gemeinschaft zu erleben, braucht man nicht unbedingt eine Kathedrale oder ein schönes Gemeindehaus, feierliche Liturgie und gediegene Musik. Der gemeinsame Glaube an Jesus vereint mich mit diesen Geschwistern viel mehr, als das irgendein Ritual tun könnte. Nach dem Gottesdienst steigen wir ins Wasser. Aber nicht zum Baden, sondern weil sich einige der Enxet taufen lassen möchten.

„Puedes ayudarme?“ („Kannst du mithelfen?“), fragt mich Pastor Isidoro. Und so wate ich mit ihm in den Fluss. Dass wir die Taufe zu zweit durchführen, hat vor allem ganz praktische Gründe: Bei aller Freude über den Entschluss der Täuflinge, müssen wir ganz nüchtern auch ihre Sicherheit im Blick behalten. Da die meisten von ihnen nicht schwimmen können, ist die starke Strömung des Flusses nicht zu unterschätzen. Leicht verliert man den Halt, wird fortgerissen und kann in Lebensgefahr geraten. Mit Isidoro stehe ich im hüfthohen Wasser und höre ihm zu, wie er jeden Täufling einzeln laut beim Namen nennt. Die Sonne in unserem Rücken steht jetzt am Nachmittag zwar schon tiefer, aber noch immer ist es unerträglich heiß. Bevor wir die Männer und Frauen dann nacheinander im warmen Wasser des Río Paraguay untertauchen, ruft Isidoro mit starker Stimme bei jedem Täufling, der an die Reihe kommt: „Ich taufe dich auf den Namen des Vaters, des Sohnes und des Heiligen Geistes!" Mir ist klar: Meinen Part als Helfer hätte irgendjemand sonst übernehmen können. Aber eine tiefe Dankbarkeit erfüllt mich, als Zeuge diese beeindruckende Zeremonie erleben zu können.

25.

Aufbrechen zu neuen Ufern

Zwei Kanister Speiseöl, zwei Fünf-Kilo-Säcke Reis, drei Pakete Mehl, Nudeln, zwei Paletten Eier, Maniok, Knoblauch, Zwiebeln und Tomaten. Von unserer Crew bin ich zum „Chef-Einkäufer" ernannt worden, um den Proviant für unsere nächste Schiffsreise zu besorgen. Hier, auf dem Markt in Concepcion, gibt es alles, was das Herz begehrt. Der Mercado ist bunt, schrill, laut, dreckig und bietet beste Unterhaltung: Ein Metzger mit Schmerbauch, Schnauzer und Schweißperlen auf der Stirn säbelt von einer Rinderhälfte, die an einem Eisenhaken in der Sonne hängt, gerade einen dicken Batzen Fleisch ab. Daneben hockt eine runzelige Frau mit Sonnenhut. Auf dem Holztisch vor ihr liegen verschiedene Kräuter, zu kleinen Büscheln zusammengebunden. Es sind die beliebten Remedios – Heilkräuter, die man gern dem eisgekühlten Wasser für den Tereré beifügt. Minze, Salbei und Zitronengras. Katzenkralle, Pferdeschwanz-Kraut, Avocadobaum-Blätter und Wermut – für jeden Geschmack und für jede Krankheit ist etwas dabei. „Tres por Mil! Drei Kräuter für 1000 Guarani", ruft sie. Auf Wunsch werden die Kräuterbüschel auch noch mit wuchtigen Schlägen in einem riesigen Holzmörser zerstampft. Dankend lehne ich ab und trete in eine matschige, verfaulte Apfelsine. Zwei halbwüchsige Jungs auf einem

Ein stolzer Angler

zweirädrigen Holzkarren, der von einem Esel gezogen wird, bahnen sich ihren Weg durch das quirlige Treiben. Sie sammeln leere Pappkartons ein. Mit geübten Griffen falten und schlagen sie sperrige Verpackungen zu flachen Pappen und werfen sie auf ihr Gefährt. Wenn sie Glück haben, können sie sich damit heute zwei, drei Euro verdienen. Ein Obstverkäufer hat Ananasfrüchte zu einer Pyramide aufgestapelt.

Meine Einkaufsliste ist lang. Wir werden mehrere Wochen auf dem Fluss unterwegs sein; auch in abgelegenen Regionen, wo es weder Siedlungen noch Lebensmittelläden gibt. Der Proviant-Stapel auf dem Zementboden vor dem *Comercio Santa Ana*, wo ich gerade meine Einkäufe tätige, wächst. Jetzt fehlt nur noch eine Großpackung Toilettenpapier, ein Zehnerpack Seife, Kerzen und Streichhölzer. Für umgerechnet 40 Euro habe ich im großen Stil eingekauft. „Bitte liefert alles zur Misericordia II, unten am Hafen“, bitte ich. „No hay problema, mi patron!“ („Natürlich, mein Chef!“), erwidert der Händler beflissen. An den Obstständen decke ich mich noch mit frischen Früchten ein: Vier Kilo Bananen, Apfelsinen, Äpfel aus Argentinien und gelbrote Mangos hier aus der Gegend wandern in Plastiktüten. Unterwegs werden wir Obst nur selten zu Gesicht bekommen. Deshalb müssen wir uns hier damit versorgen.

Aber noch ist meine Shopping-Tour nicht abgeschlossen, denn fast hätte ich die Galletas vergessen! Ein Fünf-Kilo-Sack wird fürs Erste ausreichen. Meine Vergesslichkeit hat wohl damit zu tun, dass dieses kugelförmige, geschmacksneutrale Dauergebäck nicht besonders weit oben auf meiner Beliebtheitsskala rangiert: Es wird absichtlich so hart gebacken, dass man sich fast die Zähne daran ausbeißt. Aufgrund seiner schier unbegrenzten Haltbarkeit ist es für uns als Reiseproviant aber unverzichtbar. Immer wieder macht der Witz die Runde, dass man für den Verzehr und die vorherige Zerkleinerung der Galletas auch unbedingt einen Hammer in Reichweite haben sollte … Den haben wir zum Glück in unserer Werkzeugkiste an Bord. Trotzdem mache ich vor meiner Rückkehr zum Hafen noch einen Abstecher in die *Ferretería*, in die Eisenwarenhandlung, denn unsere Angelausrüstung muss unbedingt erneuert werden. Schwere Grundbleie, 0,6 mm dicke Angelsehne und fünf Zentimeter lange Haken gehen über den Ladentisch und werden in meinem Rucksack verstaut. Angler in Deutschland würden sich bei diesen XXL-Größenordnungen verwundert die Augen reiben. Hier in den Tropen darf jedoch alles eine Nummer größer sein: genau wie die Fische, die wir gern an den Haken bekommen würden.

Was wie die Vorbereitung einer Dschungel-Expedition aussieht, ist auch eine – wenn auch im kleineren Stil: Geplant ist eine mehrwöchige Erkundungsfahrt auf dem Río Paraguay. Flussaufwärts wollen wir bis zum Fischerdorf Bahia Negra im äußersten Norden Paraguays fahren. Dieser abgelegene Außenposten, dessen Name übersetzt Schwarze Bucht bedeutet, liegt im Dreiländereck von Brasilien, Bolivien und Paraguay. Unser Ziel ist, diesen abgeschiedenen Winkel im paraguayischen Pantanal zu befahren, um die Dörfer und Siedlungen am Ufer kennenzulernen. Vor allem aber ist geplant, missionarisch aktiv zu werden, mit den Menschen ins Gespräch zu kommen und die Botschaft von Jesus in einer Region weiterzugeben, wo das bisher vielleicht nur selten geschehen ist. Ich bin gespannt auf das Abenteuer, das uns erwartet, und voller Vorfreude. Kaum kann ich es erwarten, dass wir den Anker lichten und starten.

Ohne Dieselkraftstoff werden wir aber trotz Begeisterung, Entdeckerdrang und missionarischem Eifer nicht weit kommen. Deshalb müssen wir neben dem Proviant-Vorratsschrank und unserer Angelkiste auch unsere Tanks füllen. Dazu ist extra Rudi aus der 350 Kilometer entfernten Stadt Loma Plata, im Herzen des Gran Chaco, angereist. Rudi betreibt eine Motorradwerkstatt und ist Fan von allem, was einen Motor und mindestens zwei Räder hat. Trotzdem hat er nicht nur Benzin im Blut, sondern vor allem eine ansteckende Leidenschaft für Mission. Seinem Interesse besonders für die Menschen, die Jesus noch nicht kennen, ließ Rudi deshalb Taten folgen. Mit einigen Freunden, einer davon ein Pastor, die anderen Rinderzüchter, Geschäftsleute und Unternehmer, rief er ein faszinierendes Projekt ins Leben. In einer kleinen Werft in Concepcion gaben sie den Bau der Misericordia II nach ihren Plänen in Auftrag. Damit treiben sie nun „Pioniermission“ in einer der unzugänglichsten, spannendsten und landschaftlich schönsten Regionen Paraguays. Dabei finanzieren Rudi und seine Freunde die Unterhaltung des Schiffes und auch die Missionare, die damit unterwegs sind, mit ihren eigenen Mitteln. *Erwarte Großes von Gott und unternimm Großes für Gott!* Für Rudi und seine compañeros ist dieses Zitat von William Carey, dem legendären Indienmissionar, mehr als ein netter Postkartenspruch. Aus Liebe zu ihrem Vater im Himmel und zu ihren paraguayischen Landsleuten haben sie eine mutige Entscheidung getroffen. Sie haben ihre persönliche Komfortzone verlassen und sind aufgebrochen zu neuen Ufern – im wahrsten Sinne des Wortes.

Als versierter Schrauber, erfahrener Mechaniker und Mann für alle Fälle ist Rudi auch für die Technik des Schiffes zuständig. Reparaturen aller Art fallen in sein Ressort. Genauso wie das Füllen der leeren Dieseltanks. Deshalb ist er heute angereist. Auch Isaac, sein Gehilfe – ebenfalls ein ausgefuchster Mechaniker und Tüftler –, ist mit von der Partie. Die Ladefläche von Rudis silberfarbenem Ford Ranger ist vollgestellt mit leeren Kanistern und Plastikfässern. Alle Behälter werden an der Tankstelle gefüllt und dann mit Hilfe von Plastikschläuchen und dem Gesetz der Schwerkraft in die Schiffstanks umgefüllt. Das Ganze ist ein langwieriges Unterfangen: Rudi muss mehrere Fahrten zur Tankstelle unternehmen, bis das 1400 Liter fassende Reservoir des Schiffes voll ist.

Die gefüllten, zentnerschweren Diesel-Kanister müssen vom Auto gewuchtet und bis zum Schiff geschleppt werden. Das Thermometer zeigt schon früh am Vormittag 38 Grad Celsius an. Der Schweiß läuft in Strömen. Unsere T-Shirts kleben klatschnass am Körper. Zum Glück gibt es die Tereré-Pause! Wie fast jeder Paraguayer, der mit Auto unterwegs ist, hat auch Rudi sein eigenes Equipment immer dabei. Er holt seinen Fünf-Liter-Thermosbehälter, der zur Hälfte mit Eisbrocken gefüllt ist. Seine cuampa, mit Yerba-Mate befüllt und traditionell aus dem Horn einer Kuh hergestellt, ist von der größeren Sorte. Unser Durst heute ebenfalls. Müde, aber zufrieden, sitzen wir in kleiner Runde im Schatten und lassen die cuampa kreisen. Und während wir gierig an der Bombilla (einem Strohhalm aus Metall mit einem Sieb am unteren Ende) saugen und das eiskalte, belebende Getränk durch unsere Kehlen rinnen lassen, sind meine Gedanken schon in Bahia Negra …

26.

Im Schatten der Myriam Adela

Unsere Dieseltanks sind gut gefüllt. Unser Lebensmittel-Vorratsschrank ebenfalls. In der Schiffskasse hingegen herrscht nach dem Großeinkauf in Concepcion statt beeindruckender Flut chronische Ebbe. So, wie fast immer. Aufgrund unserer begrenzten Finanzen können wir Lebensmittelkäufe unterwegs oft nur mit angezogener Handbremse tätigen. Die Geldangelegenheiten an Bord sind klar geregelt: Jeder vom Schiffsteam steuert am Monatsanfang den gleichen Betrag zum Proviant-Einkauf in die Schiffskasse bei, pro Person umgerechnet fünfzehn Euro. Mehr ist nicht möglich. Da ist es schon verwunderlich, dass dieses Mini-Budget etwa bis zur Monatsmitte reicht. Aber auch danach verbringen wir wegen unserer klammen Kasse keine schlaflosen Nächte. Wenn wir auch nichts mehr kaufen können, so haben wir noch unsere Angeln und das Jagdgewehr. Und natürlich die Fürsorge unseres Gottes, der uns auch versorgungstechnisch noch nie im Stich gelassen hat.

Ich steige die Stufen zum Oberdeck hinauf. Auf dem grau gestrichenen Metallboden stehen drei Klappstühle auf verlorenem Posten. Sonst gibt es nichts zu entdecken. Aber hier gibt es etwas, das sonst in keinem anderen Teil des Schiffes zu finden ist: Einsamkeit! Für meine paraguayischen Kollegen ist Stille und Abgeschiedenheit ein eher zweifelhafter Luxus. Sie lieben Geselligkeit und Gespräche, am liebsten nonstop. Eine Einzelkabine auf einer Ozeankreuzfahrt wäre für sie eine unerträgliche Strafe. So sehr ich meine Gefährten schätze – dass ich mich bei Bedarf hier hoch zurückziehen und in der Stille neue Kraft tanken kann, das empfinde ich als Geschenk des Himmels. Von vielem, was für mich noch vor wenigen Monaten wichtig war, kann ich hier nur träumen: ein Zimmer nur für mich, ein Schreibtisch, Bücherregal, Privatsphäre, Internet, ein gefüllter Kühlschrank… Und doch stelle ich fest: Ich bin glücklich! Ich verspüre einen tiefen Frieden. Ich fühle mich getragen von der festen Überzeugung: Genau hier bin ich richtig. Gott hat mich an den richtigen Platz geführt. Und ich ahne: Mit diesem Anker in meiner Seele kann mich so schnell nichts erschüttern. Gelassen kann ich nach vorn schauen. Voller Glaubens-Optimismus kann ich dem entgegenblicken, was dieser neue Missionseinsatz bereithält.

Nach etwa vier Stunden Fahrt erreichen wir Puerto Abente. Hier mündet der Rio Tagatiya in den Paraguayfluss. Das Hinterland, ein Naturreservat, bildet eine der reizvollsten Landschaften weit und breit. Der Tagatiya und seine kleinen Brüder schlängeln sich durch fast unberührten Urwald über kalkhaltiges Gestein. Diese Mineralien sorgen dafür, dass der Fluss auch bei großer Hitze kristallklares Wasser führt. Ein Eldorado, das in Paraguay zwar bis jetzt eher ein Schattendasein führt, aber immer mehr Touristen anzieht. Hier kann man sich mit Tauchermaske und Schnorchel im warmen Wasser des Flusses treiben lassen und hat dabei den Eindruck, in einem überdimensionierten Aquarium gelandet zu sein. Tropische Fische schwimmen zum Greifen nah vorbei. Ins Wasser gestürzte Bäume, Wurzeln, riesige Felsblöcke und in der Strömung wogende Pflanzen bilden eine spektakuläre Unterwasserwelt. An manchen Stellen bildet der Fluss kleine Pools, die über Kaskaden miteinander verbunden sind. Wenn man Glück hat, kann man ein Faultier, einen Ameisenbären oder einen schwarzweißen Tejú, eine Art Waran, beobachten, der auf der Jagd nach Beute lautlos über den Waldboden huscht.

Hier, im schmutzig trüben Wasser des Río Paraguay, kann man die verborgene Schönheit dieses Refugiums nur erahnen. Auf die Katastrophe hingegen, die sich ebenfalls hier, nicht weit von der Mündung des Tagatiya entfernt, ereignete, deutet nichts mehr hin. Der 10. Februar des Jahres 1978 ist ein heißer Sommertag. Die *Myriam Adela*, ein 27 Meter langes, in die Jahre gekommenes Schiff, hält Kurs auf Vallemí. Es ist vollgestopft mit Waren aller Art: Bierkästen, Besenstiele, Bretter, Baustahl. Zwischen Kisten, Kartons und Säcken haben noch etwa 160 Passagiere irgendwie Platz gefunden. Das Schiff ist gänzlich überladen und bewegen kann man sich kaum an Bord. Aber das ist bei diesen Reisen meistens so und stört eigentlich niemanden. Die Uhr in der Kapitänskajüte von Juan Bautista Coronel zeigt 19.15 Uhr, als urplötzlich ein Unwetter aufkommt. Starker Wind steigert sich rasend schnell zu einem Tornado. „Volle Kraft voraus! Wir müssen auf schnellstem Weg ans Ufer!“, kann der Maschinist dem Kapitän noch zurufen. Dann erfasst eine Windhose das Heck des Schiffes und wirft es mit brachialer Gewalt herum. Augenblicklich kentert die schon tief im Wasser liegende Myriam Adela und läuft voll Wasser. Das überladene Schiff sinkt wie ein Stein. Die Passagiere unter Deck sitzen in einer tödlichen Falle. Aus dem Labyrinth der mit Ladung zugestellten Gänge gibt es in Dunkelheit und Chaos kein Entkommen. Nur wenige schaffen es, die Scheiben der Fenster zu zerschlagen, um sich ins Freie zu retten. Wochen später, nach der Bergung des Schiffes, wird man hier die Leichen von Vätern und Müttern finden, die ihre Kinder noch im Sterben an sich drückten.

Verzweifelte Schreie und panische Hilferufe gehen im Tosen des Sturmes unter. Die meisten der Passagiere können nicht schwimmen. Manche haben es geschafft, sich ein Brett oder eine Matratze zu ergattern, an denen sie sich im Wasser festklammern, um nicht mit in die Tiefe gerissen zu werden. Der Untergang der Myriam Adela gilt bis heute als zweitgrößte Tragödie der neueren paraguayischen Geschichte. Mindestens einhundertdreizehn Menschen kommen ums Leben. Da keine Passagierlisten geführt wurden, konnte nicht ermittelt werden, wie viele Reisende sich an Bord befanden. Neunzehn der später geborgenen Leichen konnten nie identifiziert werden.

So herzzerreißend dieses Drama ablief, so unglaublich pragmatisch hört sich der zweite Teil der Geschichte an. Das Unglücksschiff erlebt – für deutsche Gemüter nur schwer nachvollziehbar – ein makabres Comeback. Instandgesetzt, aufgemotzt und mit dem neuen Namen *Jinete* (Der Jockey) versehen, ist das Schiff fortan als Viehtransporter auf dem Río Paraguay unterwegs. Bis es auf einer Fahrt mit achtzig Rindern an Bord erneut untergeht.

Wir haben den Schicksalshafen Puerto Abente längst hinter uns gelassen. Unser Schiff soll Leben und Hoffnung bringen statt Tod und Verzweiflung. Bald werden wir unseren ersten Ankerplatz erreichen.

27.

Druck auf dem Kessel in Puerto Foncier

Sechs Tage sind seit unserer Abfahrt aus Concepción vergangen. Nach Stationen in den Siedlungen Puerto Pinasco und Itapucumí sind wir in Calería Itagua angekommen. Das Ufer wird von aufragenden Felsen gesäumt, zwischen denen ein steiler Trampelpfad ins Dorf führt. Eine ältere Frau und ein Mädchen im Teenageralter schleppen auf ihren Schultern Plastiksäcke nach oben, die mit dem trüben Wasser des Flusses gefüllt sind. Eine normale Trinkwasserversorgung gibt es hier ebensowenig wie eine einigermaßen ausgestattete Arztpraxis. Brunnen können in dem felsigen Untergrund nicht gegraben werden. Und so wird der gesamte Wasserbedarf aus dem Fluss gedeckt.

Pastor Hugo Torres, der Leiter der kleinen evangelischen Gemeinde, begrüßt uns herzlich. Mit den in Paraguay üblichen Umarmungen drücken wir uns gegenseitig unsere Wertschätzung aus. Nur zwei- bis dreimal pro Jahr liegt die Misericordia II in jedem der Fischerdörfer vor Anker. Deshalb ist unsere Ankunft ein Ereignis, das gleich mit einer fröhlichen Tereré-Runde gefeiert werden muss. Ob das Wasser dazu auch direkt aus dem Fluss kommt – da bin ich mir nicht ganz sicher. Aber ich habe schon gelernt, dass man hier entspannter lebt, wenn man sich nicht allzu viele Gedanken über die Herkunft verschiedener

Lebensmittel macht. Auch die Füllung der überall erhältlichen Empanadas, leckerer in Öl ausgebratener Teigtaschen mit Hackfleischfüllung, sollte man einfach genießen, ohne viel über den Inhalt zu rätseln. Was macht es auch für einen Unterschied, ob das Fleisch wirklich von einem Rind oder vielleicht von einem Krokodil, einem Tapir oder auch einem Wasserschwein stammt? Gott für alle Gastfreundschaft danken und gleichzeitig um einen robusten Magen bitten – das ist hier die Devise.

Zwischen dem Auffüllen und Umherreichen der Cuampa werden für heute Abend und die nächsten Tage gleich verschiedene Veranstaltungen geplant, die wir gemeinsam mit den Christen des Ortes durchführen wollen. Alles soll im Freien stattfinden. Dazu gehört auch ein geplanter Spezialeinsatz, von dem ich staunend erfahre: Als Bautrupp wollen wir in einer Art Hauruckaktion am neuen Gemeindehaus mitarbeiten sowie einen Holzzaun um das Gelände errichten. Pastor Torres, der in der örtlichen Kalkbrennerei arbeitet, verspricht begeistert, uns am nächsten Tag mit einem LKW aus seiner Fabrik zu unterstützen. Ich freue mich auf den Arbeitseinsatz.

Vormittags sind wir zur Stelle: Tito, Juvencio und ich. Mit meiner Bundeswehr-Armeejacke im Flecktarn-Look sehe ich aus wie ein versprengter Guerilla-Kämpfer. Aber es ist empfindlich kalt heute und die Kleidung deshalb sehr praktisch für unser Vorhaben. Den LKW aus der Kalkfabrik, mit dem uns Pastor Torres unterstützen will, hört man schon röhren, noch bevor er um die Kurve biegt. Manche Fahrzeugteile sind hier, am Rand des Urwalds, gänzlich überflüssiger Luxus. Stoßstange, Auspuff, Scheinwerfer oder gar Blinker braucht hier niemand. Wer auf den mit Steinen übersäten Erdstraßen unterwegs ist, legt aber auch keinen Wert auf Verkehrssicherheit. Vorwärtskommen ist alles. Zwar fällt beim Fahren durch das ständige Rütteln und Vibrieren alles, was ein Fahrzeug nicht unbedingt zur Fortbewegung benötigt, früher oder später ab. Aber ein Gefährt, dass so auf seine

Mit Tito und Juvencio im Sägewerk

„Basis-Version" reduziert wird, ist wesentlich leichter und spart Kraftstoff!

Der Truck von Pastor Torres hat auf diesem Gebiet schon gute Fortschritte gemacht. Auf den ersten Blick ist zu erkennen: Dort mitzufahren, ist nichts für verträumte KFZ-Romantiker. Der Mercedes mit der runden Haube sieht aus, als hätte er schon im Chaco-Krieg als Truppentransporter gedient, und klappert dermaßen, dass man damit rechnen muss, im nächsten Schlagloch mit Totalschaden auf der Strecke zu bleiben. Mit dem Öffnen und Schließen der Beifahrertür haben wir keine Probleme, denn die ist längst nicht mehr vorhanden. „Peiké, peguapý!" („Steigt ein und setzt euch!"), ruft Pastor Torres gutgelaunt. Dann startet der abenteuerliche Road-Trip. Unser Fahrer gibt fröhlich Gas. Obwohl es geradeaus geht, kurbelt er ständig – wie ein Kapitän bei schwerem Seegang – am Lenkrad, um das Spiel in der ausgeschlagenen Lenkung unter Kontrolle zu halten. Wenn die Bremsen in ähnlichem Zustand sein sollten, dann bleibt nur zu hoffen, dass wir keine abschüssige Strecke bewältigen müssen. Andererseits fährt der LKW selbst bei Vollgas meistens so langsam, dass wir bei Gefahr jederzeit abspringen könnten.

Dann sind wir am Ziel: eine Art Halde, die von halb gegrabenen Erdlöchern bedeckt ist. Die natürlichen Kalkvorkommen im Boden dienen den Leuten als kostenlose Fundgrube für Baukalk. Wir machen uns mit Hacke und Schaufel an die Arbeit. Bald haben wir einige Säcke mit Kalk gefüllt und auf die Ladefläche gewuchtet. Wir laden sie auf dem Grundstück der zukünftigen Gemeinde wieder ab. Für unseren Mörtel zum Mauern fehlt jetzt nur noch der Zement. Als Ersatz für den Sand dient meistens die terracottarote Erde: Man gräbt neben der Baustelle einfach ein Loch, gebraucht den Aushub für die Mörtelmischung und verwendet das Loch dann gleich als zukünftige Klärgrube. Auch später, wenn ich meinen paraguayischen Freunden bei anderen Bauprojekten als Handlanger helfen kann, gerate ich mitunter in innere Konflikte: Meine typisch deutschen Auffassungen von Symmetrie und Perfektion passen so gar nicht zur Gedankenwelt meiner südamerikanischen Kollegen! Aber hier, am Rande der Wildnis, ist nicht bauliche Ästhetik, sondern Zweckmäßigkeit gefragt. Und irgendwann fällt es mir wie Schuppen von den Augen: Meine (deutschen) Ansichten zu Präzision und Genauigkeit sind hier fehl am Platz. Schönheit liegt bekanntlich im Auge des Betrachters. Viel wichtiger als exakte Maße und das formvollendete Design ist hier, dass man gemeinsam arbeitet, dabei Spaß hat und locker bleibt. Und diese Lockerheit, auch dann gelassen zu bleiben, wenn das Brett nicht gerade abgesägt ist und der rechte Winkel nicht ganz stimmt – die kann ich als Missionar eigentlich gut gebrauchen!

Am nächsten Morgen, nach dem Frühstück, starten Tito, Juvencio und ich zu unserer nächsten Mission. Bretter, Pfosten und Latten für den zukünftigen Zaun des Gemeindegrundstückes müssen her. Im Nachbardorf Puerto Foncier gibt es ein Sägewerk. Dort – so gibt uns Pastor Torres Auskunft – könne man kostenlos

Abfallholz sammeln. Schon wieder winkt uns ein Baustoff zum Nulltarif! Wer hier keine großen Ansprüche stellt, kann sich ein ganzes Haus für kleines Geld errichten. Nach einer Wanderung von vielleicht fünf Kilometern kommt ein riesiges Sägewerk in Sicht.

Baumstämme, viele mit mehr als einem Meter Durchmesser, sind zu imposanten Stapeln, hoch wie Häuserwände, aufgeschichtet. Das Yvyra-Pytá-Holz, das sich nach dem Sägen an der Luft schnell backsteinrot färbt, das sandbraune, edle Lapacho-Holz, lachsrosafarbenes Palo Rosado und das dunkelbraune Guaiaybi-Holz türmen sich zu einer Mauer auf, die wie eine von Außerirdischen geschaffene riesige Collage wirkt. Manche Querschnitte sind sternförmig. Sie deuten noch die typischen Brettwurzeln an, die den Bäumen einst Halt gaben. Wir können nur erahnen, zu welch gigantischer Höhe diese Urwaldriesen einst emporwuchsen. An anderer Stelle liegen Baumstämme ungeordnet neben- und übereinander; fast so, als hätten Riesen versucht, damit Mikado zu spielen. Wir posieren neben den gefällten und zurechtgestutzten einstigen Dschungel-Giganten für ein paar Erinnerungsfotos.

Hier darf man sich keinen Illusionen hingeben: So unerschöpflich und gigantisch dieser Holzvorrat jetzt auch scheint – schon in zwei, drei Jahren werden nicht nur diese Holzstapel verschwunden sein, sondern das komplette Sägewerk. Dann wird der gesamte Urwald der Region abgeholzt sein. Vielleicht lässt der Besitzer Sägegatter und Bandsägen dann abbauen und an anderer Stelle wieder neu installieren. Dort, wo es noch Urwälder gibt, die so groß sind, dass sich das Holzfällergeschäft lohnt.

Im Moment gibt es hier im Sägewerk aber Holz der verschiedensten Sorten, in Hülle und Fülle. Verschwenderisch geht man auch mit den Sägeresten um – so als gäbe es kein morgen. Pfosten, Bretter, Latten – bergeweise liegt das Abfallholz, das sich nicht verkaufen lässt, auf dem Areal herum. Wir dürfen uns bedienen. Und wir nutzen unsere Chance. Schnell haben wir eine Menge Bretter und Kanthölzer aussortiert, die für unseren Bau in Frage kommen. Ein ansehnlicher Holzstapel ist das Ergebnis unseres Einsatzes. Bis Pastor Torres mit seinem LKW-Oldtimer eintrudelt, um uns samt Bauholz aufzuladen, haben wir noch etwas Zeit. Also gehen wir auf dem weitläufigen Sägewerksgelände auf Entdeckungsreise.

Hinter einem Holztor, das schief in den Angeln hängt, erwartet uns gleich eine faustdicke Überraschung. Nachdem wir den Bretterschuppen betreten haben, stehen wir vor einer Dampfmaschine. Ein englisches Fabrikat mit mannshohem Schwungrad. Von den Nieten des Dampfkessels blättert der Rost. Auch wenn es den Anschein hat – aber wir befinden uns weder in einem technischen Museum noch auf Zeitreise ins vergangene Jahrhundert: Wir sind in der Energiefabrik des Sägewerkes angelangt. Die Dampfmaschine ist in Betrieb und versorgt hier alle Sägen mit Strom und das Gelände mit Licht. Ich denke an meinen Opa – sein Herz würde hier, Seite an Seite mit dem zischenden, stählernen Ungetüm, höherschlagen. Mein Opa Alfred hatte im Hauptberuf zeitlebens als Schlosser gearbeitet. In der kleinen sächsischen Fabrik, die ihn mehr als vierzig Jahre beschäftigt hatte, war er Chef-Mechaniker der Dampfmaschine gewesen. Die Begeisterung dafür war bei ihm so groß gewesen, dass er seinen Beruf auch zum Hobby gemacht hatte: In geduldiger Kleinarbeit und mit genialer Raffinesse hatte er zu Hause, in seiner Werkstatt, selbst eine kleine Dampfmaschine konstruiert, die auch funktionierte. Dieses Mechaniker-Gen hatte mir mein Opa Alfred nicht vererbt. Beruflich hatte ich andere Wege eingeschlagen. Aber diese Dampfmaschine, die nach einer halben Weltreise – hier zwischen Urwald und dem Flussufer des Río Paraguay – ihre wahrscheinlich letzte Wirkungsstätte gefunden hatte, das faszinierte auch mich.

Pastor Torres ist angekommen. Innerhalb von zehn Minuten haben wir den Holzstapel auf die Ladefläche seines Gefährts befördert. Wir stellen uns auf die wackelige Ladung obendrauf, halten uns an der Bordwand fest und sind mit uns und dem Leben zufrieden. Hier oben, mit bester Aussicht, würde die Fahrt allemal spannender verlaufen als in der engen Fahrerkabine. Das Adrenalin pulsiert dann aber schneller als gedacht: Als unser Chauffeur unter einer Stromleitung hindurchfährt – die nicht selten völlig unisoliert sind –, schaffen wir es gerade noch, rechtzeitig unsere Köpfe einzuziehen. Puh – das war knapp! So haben wir das mit der (Hoch-)Spannung auf unserer Reise nicht gemeint!

Der Zaunbaueinsatz mit den Geschwistern der Gemeinde wird ein voller Erfolg. Wir kommen gut voran. Zaunpfosten aus Hartholz werden eingesetzt, Querriegel befestigt und Latten angenagelt. Fidel, ein junger Mann mit schwarzen Locken, Zahnlücken und muskulösen Oberarmen, hat seine Motorsäge mitgebracht. Er schneidet die Hölzer auf Länge. So entsteht ein einfacher, aber zweckmäßiger und vor allem preiswerter Schutz für das Gemeindegrundstück.

Bei der Abendveranstaltung im Freien stehe ich als Prediger auf dem Programm. Ich habe mich entschieden, über den Bibeltext Haggai 2 zu sprechen. Passenderweise hatte dort der Prophet das Volk ermahnt, sich nicht nur um ihre Privathäuser zu kümmern, sondern beim Bau des Tempels mehr Einsatz und Engagement zu zeigen. „Wie brandaktuell sich Gottes Wort wieder einmal präsentiert“, freue ich mich. Obwohl es für mich noch immer mühsam ist, fließend spanisch zu sprechen, komme ich mit meinem Zettel, auf dem ich nur ein paar Stichpunkte notiert habe, gut zurecht. Manchmal fallen mir die richtigen Vokabeln nicht ein. Aber da man schon an meinem Akzent hört, dass ich kein waschechter Paraguayer bin, erhalte ich heute Abend wieder einen „Ausländerbonus“: über meine sprachlichen Schnitzer wird großzügig hinweggesehen. Und trotz aller linguistischen

Stolperer in meiner Predigt habe ich den Eindruck, dass meine Worte ankommen und ins Schwarze treffen. Zwölftausend Kilometer von meiner Heimat entfernt, in einem Fischerdorf am Ende der Welt, bin ich voll in meinem Element. Ich spüre ein Feuer in meinem Herzen, ein tiefes Glücksgefühl und einen echten Flow, während ich spreche. Dieses Kunststück, dass meine fehlerhafte Ansprache wirklich anspricht und Menschen bewegt, kann nur der Heilige Geist zustande bringen, soviel ist mir klar.

Danke, Vater im Himmel, dass ich in deinem Team hier in Calería Itagua mitarbeiten kann!

28. Tragödie im Paradies

Am rechten Ufer ziehen imposante Felsformationen vorbei. Im Lauf von Jahrhunderten hat das Wasser Hohlräume in das Gestein gefräst. Begehbare Grotten sind entstanden, beliebter Zufluchtsort für Fischer. Auf den glattgeschliffenen Felsplateaus erkenne ich verkohlte Holzreste und Aschehaufen. Sie künden von erloschenen Lagerfeuern und Anglern, die hier Station machten, um ihren Fang zu grillen. In einer Felsspalte am Ufer klemmt Müll fest, hängengeblieben nach der letzten Flut: Plastikflaschen, ein zerrissenes Fischernetz, der weiße Styropor-Deckel einer Kühlbox. Am Horizont kommt die Zementfabrik von Vallemí in Sicht. Die Schlote der Brennöfen, die Tag und Nacht grauschwarzen Qualm ausspucken, verschandeln die Landschaft. An den mit üppigem Grün bewachsenen Hügeln, zwischen denen die Fabrik eingebettet liegt, klaffen riesige Löcher, wie nach einem Erdrutsch: Dort wird Kalkstein im großen Stil abgebaut – Rohmaterial für die Zementherstellung. Aber niemand beschwert sich. Die Fabrik gibt Hunderten Arbeit und ohne Zement läuft nichts in der aufstrebenden Wirtschaft Paraguays.

Dabei könnte die Gegend genauso gut ein Touristen-Hotspot sein. Mit ihren landschaftlichen Reizen kann sie locker mit Naturschönheiten wie Bonito in Brasilien oder den Yungas in Bolivien mithalten. Im Inneren der mit dichtem Urwald bedeckten Hügel verbergen sich Höhlen, die erst vor wenigen Jahren für Exkursionen erschlossen wurden. Nicht nur Tropfsteine gibt es in ihnen zu bestaunen. Freiliegende Baumwurzeln, die sich im Lauf der Jahre durch Erde und Gestein bis tief hinunter in die Höhlen gegraben haben, bedecken die Wände wie erstarrte, ineinander verwundene Riesenschlangen. Nur zwei, drei Kilometer entfernt säumen einsame Sandstrände die warmen, klaren Fluten des Rio Apa, der sich in aller Stille seinen Weg durch den Dschungel bahnt.

Ich sitze auf dem Oberdeck des Schiffes. Nicht nur, um die vorüberziehenden Landschaften zu bewundern. Ab und zu brauche ich eine Oase der Einsamkeit, inmitten des täglichen Trubels. Immer wieder war ich in den letzten Monaten an die Grenzen meiner Belastbarkeit gekommen. Das ständige Zusammensein mit meinen Kollegen, ohne private Rückzugsmöglichkeit, hatte mich emotional ausgepowert. Manchmal hatte ich sogar mit dem Gedanken gespielt, aufzugeben und von Bord zu gehen. Intensiv hatte ich um eine Veränderung meiner Situation gebetet. Eine Luxus-Suite mit Klimaanlage und Satellitentelefon? Auf so etwas legte ich keinen Wert. Aber mehr Privatsphäre, vielleicht sogar eine kleine abgetrennte Kabine – nur für mich: Das war, was ich mir wünschte. In Gedanken ließ ich die letzten Wochen Revue passieren: Nichts hatte sich geändert. Obwohl das Missionskomitee von Plänen sprach, das Schiff baulich zu verändern, schliefen, wohnten und aßen wir noch immer in einem einzigen Raum. Nach wie vor empfingen wir oft Besucher an Bord, die es sich auf unseren Schlafpritschen gemütlich machten, das Inventar bestaunten und uns mit ihren endlosen Fragen nervten.

Trotz Gebets-Marathon hatte Gott nichts verändert. Oder doch? Vielleicht war ich derjenige, der verändert worden war? Vielleicht hatte der Schöpfer mein Herz verändert, anstatt das

Schlafquartier? Anscheinend war aus Gottes Sicht mein Charakter wichtiger als eine Privatkoje mit Relax-Garantie. Und anscheinend hatte Gott ein echtes Wunder fabriziert. Allerdings ein anderes, als erwartet: So tiefenentspannt, wie ich mich gerade fühle – trotz Enge, Stress und Lärm an Bord, trotz fröhlicher Gemeinschaft in Endlosschleife –, diese Gelassenheit ist nicht von dieser Welt. Ein dreiviertel Jahr schon habe ich auf der Misericordia II durchgehalten. Und von Resignation keine Spur. Frust steckt mir keiner in den Knochen. Stattdessen spüre ich Vorfreude auf die nächsten Einsätze. Ich schaue zur Zementfabrik. Die Schlote am Horizont verblassen langsam im Dunst der flimmernden Hitze. Ich muss lächeln.

San Lazaro heißt unser Ziel für heute. Das von einem uruguayischen Kapitän gegründete Dorf ist gerade einmal siebzig Jahre alt. An einer ruhigen, sumpfigen Lagune gelegen, ist es die ideale Brutstätte für Insekten aller Art. Mein erster Besuch vor einigen Monaten ist mir lebendig in Erinnerung geblieben. Als wir das Schiff abends verlassen wollten, um einen Gottesdienst in einem Gartengrundstück zu halten, konnten wir uns vor Moskitos kaum retten. Die Luft summte und vibrierte von Abertausenden hungrigen Blutsaugern. Nur wild um uns schlagend und im Dauerlauf, konnten wir uns durch die schwirrenden Moskito-Wolken vorwärtskämpfen. Für neutrale Beobachter hatte unser Sprint, kombiniert mit hektischen, gymnastischen Armbewegungen, sicher etwas Unterhaltsames. Für uns war es der pure Selbsterhaltungstrieb und stechender Ernst. Hier blieb auch mein Humor auf der Strecke. Ich fragte mich verzweifelt, wie ich diesen Abend im Freien überstehen sollte. Jetzt blieb nur noch zu hoffen, dass wir möglichst viele Lieder singen würden, zu denen man hemmungslos klatschen konnte! Es war dann Bruder Bonsi, ein Naturbursche und versierter Fischer, der mit der rettenden Idee um die Ecke kam: Im Nu hatte er trockenes Laub und Gras zu kleinen Haufen aufgeschichtet und diese angezündet. Jetzt zog dichter, beißender Qualm über die Wiese und hüllte unsere Versammlung in eine graue Rauchwolke. Die Moskitos waren beeindruckt und traten den Rückflug an. Jedenfalls manche. Richtige Gemütlichkeit kam im rauchigen Ambiente nicht mehr auf. Aber nie zuvor in meinem Leben hatte ich mich so über vor sich hin qualmende, stinkende Laubhaufen gefreut.

Als wir am späten Nachmittag unsere Leinen an der Anlegestelle von San Lazaro festmachen, ahnen wir nicht, was uns erwartet. Die Moskito-Invasion vom letzten Besuch ist kein Thema mehr, denn in San Lazaro hat sich eine schreckliche Tragödie ereignet. Ahnungslos und gutgelaunt sind wir an Land gegangen, zu Pastor Robertos Haus, das in unmittelbarer Nähe der steilen Uferböschung gebaut ist. In knappen Sätzen schildert er uns, was geschehen ist. Es handelt sich um den Bruder von Isabell, einer der engagiertesten Frauen in der Gemeinde. Wir Missionare schätzen Isabell sehr, denn sie hat uns stets mit liebenswürdiger Gastfreundschaft, großer Wertschätzung und sehr zuvorkommend behandelt. Isabells Bruder hatte am Abend zuvor ein brutales Verbrechen an einem jungen Mädchen begangen. Anschließend hatte er sich in seinen Muldenkipper gesetzt, war auf einen abgelegenen Parkplatz gefahren und hatte sich dort – wahrscheinlich aus Angst vor den Konsequenzen seiner Tat – mit seiner Pistole erschossen. Die Leute im Ort, auch die Geschwister der Gemeinde, stehen noch unter Schock. Auch ich bin erschüttert. Das junge Mädchen, welches Opfer des Verbrechens geworden ist, kenne ich persönlich. Bei unserem letzten Einsatz hier in San Lazaro hatte ich mich lange mit ihr unterhalten. Sie war mir auf Anhieb sympathisch gewesen. Ihre ansteckende Fröhlichkeit hatte mir imponiert und ich hatte mich darauf gefreut, sie wiederzusehen.

So finden wir uns anstatt in einem Gottesdienst plötzlich in einer Trauerfeier wieder. Es ist für mich das erste Mal, dass ich an solch einer Veranstaltung teilnehme. Die paraguayische Trauerkultur, die ich hier direkt erlebe, ist Neuland für mich. Viele Leute sind gekommen. Sie sitzen an kleinen Tischen beieinander. Manche weinen. Die Angehörigen von Isabells Bruder schreien ihren Schmerz verzweifelt heraus. Immer wieder wird das Weinen von lautem Schluchzen unterbrochen. Man lässt seinen Emotionen freien Lauf. Es ist herzzerreißend und erschreckend. Ich fühle mich fremd und deprimiert. Das Ambiente von tiefschwarzer, bleischwerer Traurigkeit und die Tatsache, dass ich von dem, was geredet wird, das meiste nicht verstehe, bilden eine unheilvolle Mischung. Ich komme mir verloren vor und will nur noch weg von hier.

Isabell kommt an unseren Tisch und setzt sich. Gern würde ich ihr ein paar Worte des Trostes zusprechen. Aber ich weiß nicht, was ich sagen soll, und fühle mich unbeholfen. An meinem Gesicht scheint Isabell ablesen zu können, wie es mir geht. „Como estas?“, fragt sie mit einem Lächeln. Dann erzählt sie mir von ihrer Familie, in der sie die einzige Christin ist. Isabell wirkt erstaunlich gefasst. So, als hätte sie einen inneren Anker, der ihr Halt gibt. Gerade hat sie ihren Bruder auf entsetzliche Weise verloren. Aber sie kommt zu mir, um mich aufzumuntern. Und plötzlich wird mir klar: Jetzt geht es nicht um mich und meine Befindlichkeit. Hier geht es darum, einer Freundin und ihrer Familie in ihrem Schmerz beizustehen. Worte sind nicht nötig. Aber unser Hiersein ist wichtig. Im Moment könnten wir nichts Wichtigeres tun.

29.

Expedition zur Schwarzen Bucht

Verschlafen reibe ich mir die Augen und schaue durch das Gazefenster hinaus auf den Fluss. Die Wasserfläche liegt tiefschwarz und glatt wie ein Spiegel vor mir. Nebelschwaden ziehen über das Wasser. Sie lassen die Landschaft wie ein Foto erscheinen, das mit Weichzeichner bearbeitet wurde. Meine Armbanduhr zeigt drei viertel fünf. Noch ist es dunkel. Aber ein blutroter Schein am Horizont kündigt schon den Aufgang der Sonne an. Bald wird die erfrischende Kühle der Nacht einer unerträglichen, feuchtheißen Hitze weichen. In der Nähe von San Lázaro, wo wir ankern, verläuft der südliche Wendekreis. Wir befinden uns in der tropischen Klimazone. Wer das vergessen sollte, wird durch die regelmäßig bis zur 40-Grad-Marke kletternden Temperaturen eindrücklich daran erinnert.

Aber ganz egal, wie kalt oder warm es gerade ist – das Trinken des Mate-Tees am Morgen ist eisernes Gesetz und auch bei uns ein beliebtes Ritual. Tito, der inzwischen auch aufgestanden ist, füllt das heiße Wasser in die Thermoskanne und das Yerba-Pulver in seine Cuampa. Kurz darauf sitzen wir zu zweit auf meinem Bett und lassen den heißen Aufguss abwechselnd durch unsere Kehlen rinnen. Diese Auszeit, bei der man gemütlich zusammen hockt, ist der ideale Start in den Morgen: Man bespricht nicht nur

Einen großen Surubí am Haken!

das Tagesprogramm in aller Ruhe, sondern hier an Bord nutzen wir die Mate-Runde auch, um gemeinsam unsere Bibel zu lesen und zu beten.

Lebhaft erinnere ich mich an meine erste Bekanntschaft mit besagtem Nationalgetränk vor einigen Jahren in Asunción: Beim ersten Saugen an der Alpaka-Bombilla hatte ich schockiert und angewidert das Gesicht verzogen. Es war mir absolut rätselhaft, wie man für einen derart bitteren Sud so viel Sympathie aufbringen konnte! Inzwischen verstehe ich meine paraguayischen Freunde, für die das morgendliche Mate-Trinken unverzichtbar ist. Nach dem Frühstück, das auch heute aus Haferflockensuppe, zerbröselten Galletas und Bananen besteht, steht eine lästige, aber lebenswichtige Tätigkeit an: unser Trinkwasservorrat muss aufgefüllt werden. Dazu wird ein 200-Liter-Plastikfass, das seinen festen Platz an Deck hat, mit Flusswasser gefüllt.

Dabei muss man wissen, dass der Río Paraguay nicht gerade für seine kristallklare, quellreine Wasserqualität berühmt ist. Als ich an Bord der Misericordia II gekommen war, hatte ich erstaunt zur Kenntnis genommen, dass dasselbe Wasser, in dem Frauen am Ufer ihre Wäsche wuschen, andere ihre Pferde und wieder andere ihre Mopeds, uns als Trinkwasserreservoir diente. Mit dem Wasser, in dem Kinder lustig herumtollten, sich einseiften oder ihre Haare wuschen und in das alle möglichen Abwässer eingeleitet wurden – tranken wir Tereré und kochten unser Essen. *Leben am Puls der Natur!*, war hier die Devise. Als ich das realisiert hatte, war ich mir sicher: Mein beträchtlicher Vorrat an Durchfalltabletten würde sich noch als großer Segen erweisen. Ein robuster Verdauungstrakt, kombiniert mit fröhlichem Optimismus, schien hier auf dem Fluss genauso wichtig zu sein wie ein starker Glaube. Inzwischen war die Wasseraufbereitung aber zur Routine geworden. Nachdem wir das Fass randvoll mit dem schmutzigbraunen Flusswasser gefüllt haben, streuen wir noch zwei Esslöffel Chlorpulver zur Desinfektion hinein. Ein bisschen umrühren, warten und fertig ist unser Trinkwasser. Und das alles ohne komplizierte Kläranlage oder ausgeklügelte Filtersysteme. Wie viele Millionen Bakterien wir mit dem Wasser aus dem Fluss geschöpft haben, will ich mir lieber nicht vorstellen. Dass ich, wenn ich „Trinkwasserdienst" habe, oft einen Löffel Chlorpulver mehr ins Fass schütte, habe ich Tito und Juan bisher nicht verraten.

Fünf Tage später: Bisher sind wir auf unserer Erkundungstour gut vorangekommen. In einigen Orten haben wir kurz Station gemacht oder sind auch für eine Nacht vor Anker gegangen. Besuche bei den Christen vor Ort, ein spontaner Haus-Gottesdienst oder eine Mini-Evangelisation unter freiem Himmel waren immer drin. Die Leute freuen sich, wenn die „Schiffsmissionare" auftauchen, laden uns manchmal zum Essen ein oder versorgen uns mit Nahrungsmitteln. In Puerto Guaraní erhalten wir ein besonderes Geschenk: einen drei Kilogramm schweren Krokodilschwanz. Das weiße, magere Fleisch erinnert an Geflügel und wird zu einem Quiso, dem traditionellen paraguayischen

Eintopf, verarbeitet. In Puerto Sastre erhält Juan eine frische Rehkeule. Fachmännisch schneidet er das magere Fleisch in dünne, lange Streifen und hängt diese über einer Schnur spiralförmig zum Trocknen auf. Cesina – an der Luft getrocknetes Rind- oder Wildfleisch ist ein beliebtes Nahrungsmittel bei den Chaceños, den Menschen hier im Chaco. Es ist lange haltbar, ein zuverlässiger Eiweißlieferant, aber leider nicht geeignet für Menschen mit Zahnprothesen. In Calería Itagua hatte uns jemand ein lebendiges Huhn geschenkt. Das gefiederte Tier hatte Glück, denn niemand von uns wollte es schlachten.

Im gleichen Dorf erlebten wir noch eine weitere Überraschung. Eines Nachmittages tauchte Fidel auf, der junge Mann, der uns beim Zaunbau geholfen hatte. Fidel wohnt in einer bescheidenen, aus Brettern zusammengenagelten Hütte. Er besitzt eine Motorsäge, eine struppige, magere Katze und arbeitet als Holzfäller im Urwald. Als er uns besuchte, hatte er aber weder Axt noch Säge dabei, sondern einen gefüllten Sack. „Diese Lebensmittel schickt euch meine Mutter! Es ist eine Spende für euch. Sie will damit ihren Dank ausdrücken – Gott gegenüber, der sie stets versorgt." Wir ahnen, dass Fidels Mutter gerade so viel hat, dass sie leben kann. Und sind bewegt von ihrer Hilfsbereitschaft. Aber auch von ihrem Glauben, dass Gott sie nicht im Stich lassen wird.

In Calería Itagua und Umgebung gibt es vermögende Leute: reiche Viehzüchter, Bäcker, Fleischer, Fischhändler und Inhaber von anderen Geschäften. Hier leben Sägewerksbesitzer und die Betreiber der örtlichen Kalkfabrik. Von ihnen erhalten wir keine Spenden. Dafür aber von einer armen Frau. Es ist so ähnlich wie bei Elia im Alten Testament: Gott wählt nicht die Personen aus, die der Prophet sich in seiner Fantasie vielleicht vorgestellt hatte, um ihn in Zarpat zu versorgen: weder einen Restaurantbesitzer noch einen Lebensmittelgroßhändler. Gottes Wahl fällt auf eine bettelarme Witwe, die mit ihrem Sohn selbst ums Überleben kämpft. Gottes Logik ist und bleibt unberechenbar. Auch in Calería Itagua scheinen die Schwachen und Bedürftigen Gottes bevorzugtes Bodenpersonal zu sein, um sein Reich zu bauen. Als wir den Sack später öffnen, kommen Lebensmittel zum Vorschein, die wir gut gebrauchen können: eine Flasche Speiseöl, eine Tüte Reis, ein Kilo Zucker, eine Tüte Nudeln und ein Fünf-Kilo-Paket Mehl! Wir freuen uns, dass wir damit unsere Vorräte aufstocken können. Aber genauso groß ist die Freude über die Liebe und Opferbereitschaft dieser armen Frau.

Wieder einmal haben wir den Anker gelichtet. Nach mehreren Stunden Schiffsreise legen wir am Westufer des Flusses an. San Alberto ist eine unscheinbare Siedlung. Wir zählen später sechs Holzhütten, die verstreut im Urwald liegen, versteckt hinter Bambushainen, Säulenkakteen und Chivato-Bäumen. Wieder einmal betrete ich Neuland. Aber auch für meine Kollegen ist San Alberto unbekanntes Territorium. Noch nie haben die Missionare hier das Festland betreten. Wir sind gespannt, wie uns die Leute empfangen. Aus einer Pindó-Palme steigt ein Schwarm kiwigrüner Papageien auf. Sie lärmen und kreischen, als wäre es ein Kapitaldelikt, dass wir ihr Dorf betreten. Aber es sind nicht nur die Papageien, die gegen unsere Ankunft zu protestieren scheinen. Auch unsere erste Begegnung mit den Dorfbewohnern verläuft trotz der schwülen Hitze eher frostig. „Daran haben wir kein Interesse. Versucht es doch einmal bei den Nachbarn!“, lautet die unterkühlte Antwort, als wir an der ersten Hütte fragen, ob wir auf dem Grundstück einen Abendgottesdienst halten dürfen. Da Paraguayer selten eine Bitte direkt ablehnen, ist diese Reaktion eine deutliche Zurückweisung.

Wir ziehen weiter. Der schmale Trampelpfad führt direkt in den Urwald hinein. Nach etwa einem Kilometer Fußmarsch entdecken wir eine andere Hütte. Auf dem Hof, der mit einem Zaun aus Bambusrohren eingegrenzt ist, gackern Hühner. Im Schlamm suhlen sich zwei Schweine. Ein älteres Ehepaar begrüßt uns freundlich. Erfreut nehmen sie unser Angebot an. Wir dürfen bei ihnen einen Hausgottesdienst veranstalten! So marschieren wir am Abend, in der Dunkelheit, den Weg noch einmal. Diesmal ausgerüstet mit Taschenlampen, Gitarre und Akkordeon. Obwohl wir hier mit Oscar und Mathilda Fernández nur zwei Zuhörer haben, ist die Anteilnahme trotzdem überwältigend – jedenfalls von Seiten der Moskitos, die uns unablässig umschwirren. Ohne Insektenschutzmittel wäre es nicht auszuhalten. Beim ständigen Wedeln mit der Armen und Schlagen nach den blutgierigen Insekten fällt es mir eher schwer, mich auf die Ansprache von Tito zu konzentrieren. Aber diese unfreiwillige Fitnessübung hilft, nicht müde zu werden. Oscar und Mathilda hören unseren Worten und Liedern mit Interesse zu. Wir wollen damit rechnen, dass Jesus Christus den Lebensweg dieses Ehepaares auch weiterhin kreuzt und die Botschaft vom Retter auch in San Alberto Kreise zieht.

Am nächsten Tag setzen wir unsere Reise fort. Noch mindestens vierhundert Flusskilometer und mehrere Tage Reise bis zum Ziel in Bahia Negra liegen vor uns. An der Anlegestelle von Carmelo Peralta entdecken wir eine uns bekannte Lancha, ein kleines Holzboot mit blauweiß gestrichener Kajüte. Wir wissen – das sind ebenfalls Missionare. Allerdings keine Kollegen. Das Ehepaar, das mit dem Wohnboot unterwegs ist, so wie wir, wird von den Zeugen Jehovas finanziert. Der Name ihrer Lancha El Pionero macht deutlich, mit welcher Mission die beiden unterwegs sind: Auch in den letzten unerreichten Ecken der Urwaldlandschaften hier am Fluss sollen die Lehren vom *Wachtturm* bekanntgemacht werden. Wenn sich unsere Boote manchmal auf dem Wasser begegnen, grüßen wir uns freundlich.

Zur gleichen Zeit werden wir immer neu daran erinnert: Wir sind nicht die Einzigen, die unterwegs sind, um ihre Botschaft zu vermitteln. Es gilt keine Zeit zu verlieren. Denn die religiöse Mobilmachung hat längst begonnen. Die malerische, anmutige

Schönheit der Natur, in der wir uns oft bewegen, darf uns nicht darüber hinwegtäuschen, dass hier ein Kampf tobt. Nicht nur in der unsichtbaren Welt. Dieser Kampf um das ewige Schicksal der Menschen am Río Paraguay findet auch ganz offensichtlich und handfest hier im Diesseits statt. Die Zeugen Jehovas sind ausdauernd und hartnäckig. Wie fast überall auf der Welt, gelingt es ihnen mit dieser Strategie, auch hier Anhänger zu gewinnen.

Die Mun-Sekte aus Südkorea rechnet jedoch in anderen Kategorien. Sie fährt wesentlich größere Geschütze auf. In Fuerte Olimpo zeigt mir Juan ihre Zentrale: Chromglänzende Schnellboote mit PS-potenten Mercury-Motoren schaukeln dort im überdachten Bootshaus. In Gesprächen und später beim Recherchieren im Internet erfahre ich, dass die Sekte riesige Ländereien zu beiden Seiten des Flusses aufgekauft hat. Fast zwanzigtausend Hektar Urwald und Weideland sind so klammheimlich in den Besitz von Mun & Co. gelangt.

An einem der nächsten Tage erreichen wir Puerto Leda. Ein Ort am Fluss, der exotisches Flair ausstrahlt. Längst sind wir inzwischen im Gran Pantanal angelangt Die Gebäude, die wir am Ufer und im Hinterland, zwischen Palmenhainen und Wiesen erkennen können, wirken moderner und geordneter als in anderen Orten. Puerto Leda ist Eigentum der Mun-Sekte, die hier ein ehrgeiziges Projekt vorantreibt. Inmitten einer idyllischen Urwaldlandschaft arbeitet man an einem gigantisch großen „Naturschutzprojekt" und verpasst dem zwielichtigen Sekten-Image damit einen freundlichen Anstrich. Freiwillige aus Südkorea und anderen Ländern züchten Wasserschweine und Pacú-Fische, deren natürliche Bestände im Fluss bedroht sind. Mit dem Etikett von grünem „Ökotourismus" wird für Besuche im Sekten-Eldorado geworben. Nur wenige machen sich die Mühe, einen Blick hinter die Fassade von Naturliebe und Nachhaltigkeit zu werfen. Dass die „Vereinigungskirche" auch in Puerto Leda knallhart und professionell das Ziel verfolgt, ihre Macht stetig auszubauen, hat man in Paraguay zu spät erkannt.

30.

Ein Todeskandidat findet das Leben

Mit geübten Handgriffen dreht Juan am Steuerrad und lenkt die Misericordia II souverän durch das zerklüftete Labyrinth der Flusslandschaft. Stille Seitenarme und Nebenflüsse, zugewachsene Lagunen und Buchten mit gelbem Sandstrand – ohne Ortskenntnis und einen siebten Sinn für Orientierung verliert man hier schnell die Übersicht. Auf dem knorrigen Ast eines Palo-Santo-Baumes sitzt ein Chahá. Der drollig aussehende hellgraue Vogel mit der schwarzen Halskrause wirkt wie eine Kreuzung aus Gans und Schwan. Seinen Namen haben die Guaraní-Indianer von den unverwechselbaren Lauten abgeleitet, die er bisweilen ausstößt. Oft erinnern diese Rufe aber eher an die nervtötenden Geräusche einer quietschenden Wasserpumpe als an Vogelgeschrei. Viel besser als seine zweifelhaften Sangeskünste ist deshalb sein Ruf als Nahrungslieferant. Das wohlschmeckende Fleisch ist beliebt bei den Chaco-Bewohnern und macht ihn zur begehrten Beute vieler Jäger. Von uns hat der gutmütige Vogel aber nichts zu befürchten. Das scheint er zu ahnen und blickt neugierig in unsere Richtung.

Am Ufer taucht ein hellrotes, angerostetes Blechschild auf. In der scheinbar unberührten Landschaft wirkt es wie ein Relikt aus einer anderen Welt. Juan erklärt mir: „Wenn ich als Kapitän so ein Schild entdecke, ist erhöhte Aufmerksamkeit angesagt: Es weist die Schiffe auf irgendeine Gefahr hin: vielleicht ein Felsen unter der Wasserlinie, ein Schiffswrack, eine Sandbank oder ein gefährlicher Strudel. Abstand halten vom Ufer, heißt dann die Devise!" Interessiert höre ich zu und frage mich, welche Schätze es unter dem Kiel unseres Schiffes, auf dem Grund des Flusses, wohl alles zu entdecken gäbe. Schon bei den Ureinwohnern war der Río Paraguay, den sie mit ihren Einbäumen befuhren, ein beliebter Verkehrsweg. Später, im Triple-Allianz-Krieg, den Paraguays Präsident Francisco Solano Lopez im Größenwahn mit gleich drei Nachbarländern vom Zaun brach, war die dampfgetriebene, mit Kanonen bestückte Kriegsflotte auf dem Fluss unterwegs. Die stolze Nation mit der rotweißblauen Fahne erlitt damals jedoch eine verheerende Niederlage. Der Krieg wurde verloren. Auch auf dem Wasser. Mehrere der damals versenkten paraguayischen Schiffe ruhen bis heute in Sand und Schlick auf dem Flussgrund.

Schweigend lassen wir unsere Blicke über die Vegetation am Ufer gleiten. Monoton zieht das grüne Band aus Dickicht und Chaco-Busch vorbei. Obwohl Paraguay – im Herzen des Kontinents – von seinen Nachbarn Brasilien, Argentinien und Bolivien begrenzt wird, von Ländern, die um ein Vielfaches größer sind, wirkt es bei diesen tagelangen Flussreisen riesig und schier endlos. Und irgendwann unterbricht Juan die Stille und erzählt seine Geschichte. Die Geschichte, weshalb er als Kapitän, Sänger und Missionar unterwegs ist. Gespannt höre ich zu. Und Zeit zum Hören habe ich im Überfluss.

Staunend erfahre ich, dass Juan in Nueva Germania geboren ist, einer Siedlung, die von deutschen Auswanderern gegründet wurde. Am Ende des 19. Jahrhunderts waren einige Familien aus Sachsen, vor allem aus der Chemnitzer Region, aufgebrochen, um inmitten des paraguayischen Urwaldes eine Kolonie zu gründen. Elektrisiert von Abenteuerlust, aber auch von abstrusen

Pastor Juan mit einem Kaiman

antisemitischen Ideen, wollte man mitten im tropischen Dschungel, weit weg von Deutschland, eine autonome „arisch-reine" Gemeinschaft aufbauen. Das ideologisch-düstere Pionierprojekt stand aber von Anfang an unter keinem guten Stern. Nicht wenige der Kolonisten starben noch in den ersten Monaten an Schlangenbissen oder Tropenkrankheiten. Aus der Eroberung des Dschungels wurde ein Opfergang. Der Anführer, Bernhard Förster, Schwager des Philosophen Friedrich Nietzsche, sah sein Projekt als gescheitert und nahm sich das Leben. Heute findet man in Nueva Germania bis auf den Namen des Ortes kaum noch deutsche Spuren.

„An meine Kindheit habe ich eher negative Erinnerungen", bekennt Juan, während er die Misericordia II durch einen schmalen Seitenarm des Flusses steuert. „Meine Familie lebte traditionell katholisch wie fast alle Paraguayer damals, aber weit entfernt von einem lebendigen Glauben. Echte Geborgenheit und Liebe erfuhr ich kaum. Ständig mussten wir gegen bittere Armut kämpfen. Aber schon früh entdeckten meine Eltern, dass ich gut singen konnte. So trat ich schon im Alter von sieben Jahren bei Volksfesten als Sänger auf. Obwohl ich es genoss, auf der Bühne und im Rampenlicht zu stehen, geriet mein Leben in den folgenden Jahren dadurch komplett aus den Fugen. Schon frühzeitig kam ich in diesem Ambiente mit Alkohol in Berührung. Bald wurden Bier und hochprozentige Getränke feste Bestandteile meines Lifestyles. Oft trank ich bis zum Vollrausch. Auch nach Zigaretten wurde ich schnell süchtig. Es kam, wie es kommen musste – das Verhängnis nahm seinen Lauf. Mein Leben war ein Tanz auf der Rasierklinge. Doch bald bekam ich die Rechnung dafür: Ich war gerade erst siebzehn, aber hatte meine Gesundheit durch Alkoholmissbrauch so ruiniert, dass bei mir eine Lebenzirrhose und beginnender Magenkrebs festgestellt wurde. Die Krankheit schritt erschreckend schnell voran. Der Krebs zerstörte meinen Magen auf rasante Weise. Und auch meine Karriere als Sänger. Nur wenige Monate später, im Jahr 1993, sagten mir die Ärzte, dass es für mich keine Heilung geben würde. Kein Medikament hatte angeschlagen.

Inzwischen hatte ich Krebs im Endstadium. Die Ärzte hatten mich aufgegeben. Sie schickten mich nach Hause und sagten, ich solle im Kreis meiner Familie auf den Tod warten. Aber meine zerrüttete Familie konnte mit ihrem todkranken, alkoholsüchtigen Sohn wenig anfangen. Ich fühlte mich verlassen und hoffnungslos einsam. In meinem Zimmer versuchte ich mehrere Male, mir das Leben nehmen. Aber alle Versuche schlugen fehl. Ich war emotional und körperlich am Ende. Langsam dahinsiechen und auf einen schmerzhaften, schleichenden Tod zu warten – darauf hatte ich keine Lust. Ich machte mir keine Illusionen mehr: Meine Situation war ausweglos: Die Familie interessierte sich nicht für mich. Ich hatte kein Geld, konnte nicht mehr arbeiten und war auf allen Ebenen nur noch ein Wrack und ein Schatten meiner selbst. Menschen, die ich immer für Freunde gehalten hatte, ignorierten mich. So blieb ich einfach in meinem Zimmer und wartete nur darauf, endlich zu sterben. Mein Magen war inzwischen so geschädigt, dass er eines Tages seinen Dienst komplett einstellte. Ich konnte überhaupt nichts mehr essen. Alles musste ich sofort wieder erbrechen. Dieses Drama dauerte ganze drei Tage lang. Mein Ende schien besiegelt.

Dann, eines Nachts, etwa um drei, hörte ich plötzlich eine Stimme wie von einer Person, die zu mir sagte: ‚Ich bin Jesus von Nazareth. Ich kann dich heilen!' Spontan antwortete ich: ‚Jesus, wenn du wirklich lebst, und wenn du Macht über Leben und Tod hast, dann lass mich bitte sterben. Ich kann nicht mehr. Dieses elende Leben ertrage ich nicht mehr.' Da hörte ich die Stimme zum zweiten Mal. Sie sagte: ‚Ich bin nicht gekommen, Leben zu nehmen, sondern um dir Leben zu geben.' Ich antwortete: ‚Jesus, wenn du lebst, dann nimm mir diese schrecklichen Schmerzen und heile mich! Wenn du das tust, dann will ich dein Diener sein!' Ich bat Jesus um Vergebung meiner Sünden und vertraute ihm mit einfachen Worten mein Leben an. Kurz darauf durchströmte mich ein nie gekannter Friede. Ich betete weiter und machte ein Versprechen: ‚Jesus, wenn ich jemals wieder singen kann, dann will ich nur Lieder von dir und für dich singen, Lieder, die dich anbeten und loben!' In jener Nacht übergab ich Jesus mein ganzes Leben, mit meiner Seele, meinem Verstand und meinem Körper.

Am nächsten Tag schlief ich bis vormittags um zehn. Nach dem Aufstehen rief ich meine Mutter und sagte: ‚Bitte hole jemanden, der mir Gottes Wort sagen kann!' Doch meine Mutter lehnte ab. Sie war damals praktizierende Spiritistin. Mit ihren übersinnlichen Kräften hatte sie schon viele Leute geheilt. Nur bei mir, ihrem eigenen Sohn, hatten ihre okkulten Künste versagt. Meine Mutter sagte: ‚Niemals werde ich zulassen, dass ein Christ unser Haus betritt.' Ich aber blieb hartnäckig und schickte meinen Bruder los. Er kam mit einem Pastor zurück. Dieser erklärte mir das Evangelium von Jesus. Dann betete er für mich.

Während seines Gebetes spürte ich plötzlich, wie mein Inneres von einer starken Hitze durchdrungen wurde. Ich erbrach mich. Was ich damals nicht wusste: Gott begann, meinen gesamten Körper von allem Schmutz und aller Infektion zu reinigen und mich zu heilen. Dann fiel ich bewusstlos zu Boden. Nach zwei Stunden kam ich wieder zu mir. Der Pastor, der für mich gebetet hatte, ließ sich eine Schüssel mit Wasser geben und begann, mich von dem Erbrochenen zu reinigen. Er ließ saubere Kleidung für mich bringen und dann sagte er zu mir: ‚Du bist geheilt. Dein Magen ist so gesund wie der eines Babys! Geh zum Arzt und lass dich untersuchen! Dann wirst du sehen, was Gott für dich getan hat.'

Genau das tat ich. Im Krankenhaus ließ ich meinen Magen untersuchen. Dieselben Ärzte, die mich noch vor Kurzem als sicheren Todeskandidaten aufgegeben hatten, waren jetzt perplex. Sie konnten nicht glauben, was sie sahen: Mein Magen war intakt und vollkommen gesund – wie der eines kleinen Kindes. Viele sagten zu mir: ‚Unglaublich – Gott hat ein Wunder an dir getan!'

Ab diesem Tag änderte sich mein Leben für immer. Gott gab mir kurze Zeit danach die Möglichkeit, einen Bibelschulkurs zu belegen. Ich begann Gottes Wort zu predigen und meine Geschichte bei zahlreichen Gelegenheiten, an vielen Orten zu erzählen. Bald darauf wurde ich als Evangelist eingesetzt. Mit einem kleinen Team fuhren wir in viele Dörfer und Siedlungen Paraguays und zeigten den ‚Jesus'-Film. Zwei Jahre später wurde ich dann gefragt, ob ich mir vorstellen könnte, auf einem Missionsschiff zu arbeiten. So kam es, dass ich als Evangelist, aber auch als Kapitän dieses Schiffes, viele Orte entlang des Flusses kennenlernte und die Gute Nachricht weitersagen konnte."

Juan lächelte mich an. Dann fuhr er fort: „Inzwischen hat mir Gott eine wunderbare Frau und einen Sohn geschenkt. Ich danke meinem großen Herrn für meine Familie!" Juans Gesichtszüge wurden noch einmal ernst, als er mir ein weiteres Detail seiner dramatischen Geschichte berichtete: „Nachdem ich mich zu Jesus bekehrt hatte, warfen mich meine Eltern aus ihrem Haus. So wurde die kleine evangelische Gemeinde in meinem Dorf mein neues Zuhause. Der Pastor sorgte für mich und ließ mich im Gemeindehaus wohnen."

Inzwischen sind Jahre vergangen. Juan und Rossana haben vier Kinder, drei Jungs und ein Mädchen. Alle ihre Kinder sind musikalisch wie ihr Vater und spielen Instrumente. Juans Familie, die ihn damals aus ihrem Haus geworfen hat, ist Jesus begegnet. Seine Eltern, seine Geschwister – alle sind Christen geworden.

Ich werde nicht sterben, sondern am Leben bleiben und erzählen, was der HERR an mir getan hat!

(Psalm 118,17)

31.

Das Hundert-Dollar-Gespräch

„Ich habe eine Vision! Ein altes Hausboot steht zum Verkauf. Das würde ich gern erwerben und ein Missionsschiff daraus machen! Vielleicht kannst du mir dabei helfen und Unterstützer finden?“ Ich war vierundzwanzig und hatte gerade einen zweijährigen Freiwilligendienst in Paraguay absolviert. Jetzt musste ich schon ans Kofferpacken denken. Bambuspfeile mit geschnitzter Hartholzspitze, ein Bogen aus Palmenholz, die gegerbte Haut einer Klapperschlange und andere Souvenirs von meiner Arbeit beim Volk der Aché, mussten verstaut werden. Mein Rückflug nach Deutschland stand kurz bevor. Da traf ich einen befreundeten Pastor, der mir mit einem Funkeln in den Augen von dieser Idee erzählte.

Sofort stand ich unter Strom. Auf diese Herausforderung, mit einem Missionsschiff entlang des Río Paraguay zu arbeiten, würde ich mich gern einlassen. Mein Pulsschlag erhöhte sich. „Mit diesem Boot“, so erklärte mir mein Freund Aner Verón, „haben Ärzte lange Zeit Lepra-Kranke am Fluss besucht. Jetzt wurde die Misericordia stillgelegt. Doch das ist unsere Chance. Wir könnten sie kaufen und mit ihr das Evangelium in Dörfer bringen, die auf dem Erdweg kaum erreichbar sind.“ „Verrückt!“, dachte ich. Und genial! Pastor Aner war kein lebensferner Träumer mit

Ärmelschoner-Mentalität. Er war ein echter Missions-Pionier. Im Lauf der letzten fünfzehn Jahre war er als Outdoor-Evangelist kreuz und quer durchs Land gereist und hatte Dutzende Gemeinden gegründet.

Doch so sehr mich seine Vision faszinierte – ehrlich gesagt erschien sie mir ziemlich inkompatibel mit meinen Zukunftsplänen. Nach neuen Missionsabenteuern stand mir nicht der Sinn: Nach zwei Jahren Mitarbeit bei verschiedenen Hilfsprojekten freute ich mich darauf, bald wieder ein „normales" Leben führen zu können. Geldverdienen, beruflich vorankommen, mir eine eigene Existenz aufbauen, das interessierte mich jetzt! Aber ich hatte damals meine Rechnung ohne Gott gemacht. Und vergessen, dass *er* einen besonderen Sinn für Humor hat … Denn genau sieben Jahre später fand ich mich nun als Missionar auf dem Schiff wieder, von dem mir Pastor Aner damals begeistert berichtet hatte. Aus der Vision war Realität geworden. Inzwischen hatte die Misericordia sogar eine dynamisch-jugendliche Nachfolgerin. Statt des in die Jahre gekommenen Holzbootes war jetzt ein modernes Schiff mit Metallrumpf und wetterfesten Aufbauten unterwegs. Ein Team von Sponsoren, unterstützt von Pastor Aner, hatte den Bau der Misericordia II in einer kleinen Werft in Concepcion in Auftrag gegeben.

In zwei Monaten würde es wieder soweit sein: Koffer packen. Abschied nehmen. Aufbrechen zu neuen Ufern. Adios – Río Paraguay! Das Abenteuer, das vor mir lag, würde auch ohne gefräßige Piranhas mindestens genauso adrenalintreibend werden wie unsere Arbeit mit dem Schiff. Hatte ich gehofft, dass mein Missionarsleben nach den anstrengenden Flusskreuzfahrten nun in ruhigeres Fahrwasser kommen würde, sollte diese Selbsttäuschung bald auffliegen. Bei den Einsätzen mit der Misericordia II hatten viele Menschen Jesus kennengelernt. Darunter waren zahlreiche Jugendliche. Nicht wenige von ihnen verspürten den ehrlichen Wunsch, für ihren Retter tatkräftig aktiv zu werden und sich dafür ausbilden zu lassen. Geringe schulische Bildung, Armut und die Abgeschiedenheit der Flussregion holten diese jungen Leute aber zurück in die Realität: kaum einer von ihnen hatte die Mittel und Möglichkeiten, an einem der renommierten theologischen Seminare in Asunción zu studieren. Außerdem würden sie sich in der Hauptstadt in etwa so wohlfühlen wie Crocodile Dundee in New York.

Schon seit längerer Zeit war uns klar geworden: Ein neues Ausbildungszentrum musste her! Speziell entwickelt für unsere jungen Freunde vom Río Paraguay. Eine Kombination aus Bibelschule, Missio-Trainingscamp und Praxis-Labor, wo man Neues ausprobieren und sich nebenbei Fertigkeiten in Handwerk, Gartenbau und Landwirtschaft aneignen konnte. „Guaiayvi ist ein kleines Dorf, ein paar hundert Kilometer von hier entfernt“, hatte mich Pastor Aner vor einigen Wochen aufgeklärt. „Dort gibt es jede Menge Bananen- und Ananasplantagen. Aber auch ein Gelände, auf dem Jugendfreizeiten stattfinden. Auf dem Terrain gibt es Urwald, einen kristallklaren Bach und ein paar alte Holzbaracken. Dort könnten wir unsere Bibelschule starten.“ Schon wieder hatte Pastor Aner eine verrückte Idee. Und war da nicht schon wieder dieses unternehmungslustige Funkeln in seinen Augen? „Und noch etwas“, referierte Aner weiter, „ich kann mir auch schon gut vorstellen, wer diese Schule aufbauen könnte – du!“

Ungläubig hatte ich die Augen verdreht. *Eine Bibelschule neben der Bananenplantage gründen,* stand nicht auf meiner Bucket List der 100 Dinge, die man im Leben getan haben muss. Aber *Ein Einsatz als angelnder Fluss-Missionar* hatte ebenso wenig draufgestanden. In den letzten Wochen war nun aus dieser Challenge ein konkreter Plan geworden. Bald würde ich mit meinen Habseligkeiten, die nach wie vor in zwei Koffer passten, nach Guaiayvi umziehen. Der Gedanke an den unbekannten Weg, der vor mir lag, war aufregend und beängstigend. Und doch spürte ich wieder diesen unerklärlichen Frieden, der mich mit Zuversicht und Vorfreude erfüllte. Gott würde alles gut machen. Genau wie auf dem Schiff, würde ich auch in Guaiayvi vorbereitete Verhältnisse antreffen.

Vor einer Woche hatten wir Premium-Gäste an Bord begrüßt. Pastor Aner hatte einen der internationalen Leiter unseres Gemeindeverbandes auf eine Spritztour mit der Misericordia II eingeladen. Er befand sich gerade in Paraguay und nahm die Einladung gern an. Bei Edward handelte es sich um einen US-Amerikaner, der sämtliche Klischees zu erfüllen schien: hochgewachsen, kaugummikauend, mit einem schallenden Lachen ausgestattet, lässig gekleidet mit Nike-Sneakers und Jeans. Gemeinsam saßen wir auf dem Oberdeck und ließen uns den Fahrtwind durch unsere spärliche Haarpracht wehen. Wie es seine Art war, kam Aner schnell zur Sache und berichtete von unserem Plan. Aufmerksam hörte unser Gast zu. Dann zückte er unvermittelt seine Brieftasche, fischte eine 100-Dollar-Note raus und übergab sie mir mit den Worten: „Da, für eure geplante Bibelschule!" Ich war baff und macht große Augen. „Greif zu!", munterte Aner mich auf! In den nächsten Monaten und Jahren würden wir für unser Projekt noch jede Menge Geld brauchen. Aber mit dieser Schein-Überraschung hatte Gott gezeigt: „Es geht los! Ich bin dabei! Und ich habe alles, was ihr braucht! Deshalb – rechnet mit mir!"

Puerto Guaraní. Die Sonne brennt heiß vom Himmel – wie fast an allen Tagen. Nur die Zikaden auf dem dickbauchigen Flaschenbaum scheinen bei dieser Hitze voller Energie zu stecken. Sie zirpen um die Wette, als gäbe es Preise zu gewinnen. Heute Vormittag bin ich verabredet. Alexis, etwa 25-jährig, arbeitet als Lehrer. Er ist ein begabter Fußballspieler und ein sympathischer, extrovertierter Typ. Gutaussehend und eloquent. Wir haben uns bei einem Open-Air-Gottesdienst kennengelernt und sind ins Gespräch gekommen. Heute habe ich mir vorgenommen, mit

Alexis über den christlichen Glauben zu reden. Sich an vereinbarte Uhrzeiten zu halten – das ist bei Besuchen in Paraguay nicht üblich. Wer pünktlich kommt, bringt den Gastgeber eher in Verlegenheit, da dieser garantiert noch mitten in den Essensvorbereitungen steckt … Da wir beide aber kein Bankett geplant haben, halte ich mich an die ausgemachte Zeit. „Como estas, Reinaldo?“ Alexis erwartet mich schon. Ausnahmsweise gibt es keinen Tereré. Bei einem Cafesinho, einem starken und kaum erträglich süßen brasilianischen Kaffee, hebt ein gepflegter Small-Talk an.

Dann habe ich das Gefühl, dass ein passender Zeitpunkt gekommen ist, um unser Gespräch in eine andere Richtung zu lenken. „Darf ich dir kurz erzählen, was mich nach Paraguay verschlagen hat und was das mit Jesus zu tun hat?“, frage ich. Ich darf! Und so erzähle ich eine halbe Stunde davon, wer Jesus für mich ist. Beim Reden spüre ich, wie Gott mich ermahnt, in die Offensive zu gehen. Und so lade ich Alexis ein, sein Leben ebenfalls Jesus anzuvertrauen: „Kannst du dir vorstellen, Christ zu werden?“

Alexis schweigt. Ich spüre förmlich, wie die Gedanken in seinem Hirn rotieren. Zweifel und Skepsis contra Mut und Hoffnung. „Diese Entscheidung ist sehr weitreichend. Dazu brauche ich mehr Zeit, um gut darüber nachzudenken!“ Ich bin enttäuscht. Und etwas traurig. Aber ich weiß, dass es richtig war, Alexis auf diese Weise herauszufordern. Und ich ahne, dass für ihn viel auf dem Spiel steht. Er ist eine prominente Person in Puerto Guaraní. Jeder kennt ihn. Vielleicht ist ihm klar, dass sich sein Leben radikal ändern würde: Partys, Saufgelage, wechselnde Freundinnen … Dieser Lifestyle würde dann der Vergangenheit angehören. Nach einer Weile verabschieden wir uns. Ich bete für Alexis und dafür, dass ihm meine Worte nachgehen und ihn Jesus nicht mehr loslässt. Vielleicht erreicht er ihn irgendwo und irgendwie – in der Mitte seines Lebens!

Szenenwechsel. Zwei Jahre später: Tito besucht mich in meinem neuen Zuhause in Guaiayvi. Wir reden über die gemeinsamen Zeiten und wärmen alte Anekdoten auf. Natürlich frage ich ihn nach der Schiffsarbeit. Tito erzählt mir von einem Jugendgottesdienst in Puerto Guaraní: „Viele junge Leute sind an diesem Abend von Gott berührt worden. Viele haben ihr Leben an Jesus festgemacht. Unter ihnen war auch ein junger Mann namens Alexis, ein Fußballspieler."

32.

Schönwetterküche in Karcha Bahlut

Sorgfältig befestige ich das walnussgroße Stück einer Mangofrucht am Haken. Nachdem ich die Angel ausgeworfen habe, setze ich mich auf die Holzplattform am Heck des Schiffes und warte gespannt. In den letzten Monaten habe ich nicht nur gelernt, wie man auf Spanisch predigt und wassertretend eine Schiffsschraube repariert, sondern auch wie man im Río Paraguay angelt. Die alte Anglerweisheit, dass Fische die einzigen Lebewesen sind, die auch nach ihrem Tod weiterwachsen (jedenfalls in den Berichten der Angler), trifft auch für Südamerika zu. Aber hier erscheint es wirklich aussichtsreich, auch einen kapitalen Fang an Land zu ziehen. Je mehr wir uns stromaufwärts bewegen, umso einsamer und ursprünglicher wirkt die Natur auf mich und umso fischreicher scheint der Fluss zu werden. Das kommt unserer klammen Schiffskasse sehr zugute: Fischmahlzeiten sind nicht nur gesund, sondern für uns – hier direkt an der Quelle – auch fast kostenlos.

Geteilter Meinung sind wir jedoch, was die Zubereitung der proteinreichen Nahrung betrifft. Tito, Juan & Co. wollen unseren Fang aus dem Fluss regelmäßig zu einem Caldo de Pescado verarbeiten, der traditionellen Fischsuppe mit Zwiebeln. Da ich mich für Suppen aller Art jedoch noch nie begeistern konnte,

In Karcha Bahlut

versetzt dieses Gericht meine Geschmacksnerven nicht gerade in Hochstimmung. So plädiere ich immer neu für Bratfisch aus der Pfanne oder aus dem Backofen. Not macht erfinderisch. Auch auf der Misericordia II. Oft sind wir in Regionen unterwegs, wo wir weder Fleisch noch Gemüse oder Obst kaufen können. Und nicht immer haben wir Zeit, mit Geduld und Ausdauer unser Mittagessen zu „angeln". Als ich wieder einmal zum Küchendienst eingeteilt war und angespannt überlegte, was ich aus den wenigen Zutaten kochen könnte, kam mir eine Idee. Manchmal stiegen wir zu zweit in den Fluss und zogen ein bettlakengroßes Plastiknetz durchs knietiefe Wasser. Besonders unter den Wasserlilien fingen wir damit zahlreiche kleine Köderfische, die wir dann zum Angeln verwendeten. Fisch ist Fisch! dachte ich in diesem Moment. Viele kleine Fische ergeben soviel wie ein oder zwei große. Gesagt, getan: ein neues Mittagsgericht war erfunden! Ich warf einfach eine Handvoll dieser winzigen Fische in die Pfanne, frittierte sie im heißen Öl. Danach schmeckte ich das, was von ihnen übrigblieb, mit Tomatenmark und Gewürzen ab und servierte das Ganze mit Reis. Fertig war meine neue kulinarische Kreation: die Salsa de Pescadito. Zugegeben: Gastronomiegeschichte habe ich damit nicht geschrieben und für meinen ersten Michelin-Stern reichte meine Erfindung auch nicht. Aber nach anfänglicher Skepsis und witzigen Kommentaren fanden auch meine Kollegen Gefallen an dieser etwas eigenwilligen Fischvariation. Und mein Argument, dass die wichtigste Zutat für dieses Essen praktisch überall und noch dazu kostenlos für uns erreichbar sei, räumte auch die letzten Zweifel beiseite.

Gestern sorgte ein besonderer Fang für Abwechslung auf dem Mittagstisch. Ein Javevuy, ein Süßwasserstechrochen, hatte unseren Köder geschluckt. Als wir ihn vorsichtig aus dem Wasser zogen, schlug er mit seinem Schwanz wütend um sich. Respektvoll hielten wir Abstand, um den Schlägen mit dem Giftstachel auszuweichen. Danach entschlossen wir uns, die seltsam aussehende Kreatur zu Milanesas, einer Art Schnitzel, zu verarbeiten. Beim Mittagessen waren wir uns dann alle einig: Der angenehm aromatische Geschmack dieser exotischen Mahlzeit aus der Pfanne übertrifft den schlechten Ruf dieses gefährlichen Flussbewohners bei weitem!

Ein heftiges Ziehen an der Angelsehne reißt mich aus meinen Gedanken. Sofort bin ich hellwach. Ohne Zweifel – da Kaimane keine Vegetarier sind, die auf Mango stehen, muss ein Fisch der größeren Sorte meinen fruchtigen Köder geschluckt haben. Aufgeregt drehe ich die Kurbel meiner Daiwa-Angelrolle. Der Widerstand, den mir das Wesen unter der Wasseroberfläche entgegensetzt, ist enorm. Aber meine Entschlossenheit auch. Nach kurzem Kampf ergibt sich der Fisch seinem Schicksal. Ich bin inzwischen mit der Angel in der Hand bis ans Ufer gewatet. Hier kann ich meinen Fang besser landen. „Tito, schnell, zu mir!“, rufe ich aufgedreht. Es ist ein Pacú! Der Fisch mit dem schwarzen, gedrungenen Leib gehört zur wissenschaftlichen Gattung der Sägesalmler. Mit seinem gezackten Gebiss und in seinem Körperbau ähnelt er einem Piranha, ist im Gegensatz zu seinem berüchtigten Artgenossen aber wesentlich friedlicher.

Im flachen Wasser stehend, hieven wir den Pacú an Land. Geschafft! Ich schätze sein Gewicht auf vier Kilo. Titos Maßband zeigt vom Maul bis zur Schwanzflosse eine Länge von siebenundfünfzig Zentimetern an. So einen Fang hat die Crew der Misericordia II schon seit Monaten nicht mehr gemacht! Anerkennende Blicke meiner Kollegen. Ich fühle mich überglücklich und genieße den Augenblick. Hatte ich am Ufer von Deutschlands Angelteichen meistens nur neidisch beobachtet, wie die anderen dicke Hechte, Karpfen und Aale an Land zogen, war ich jetzt endlich mal der *king of the jungle*! Allerdings nur bis zum nächsten Tag. Christian, ein deutsch sprechender Jugendlicher aus dem Chaco, der uns für einige Wochen auf dem Schiff Gesellschaft leistet, pulverisiert meinen Saisonrekord. Er fängt einen Pacú, der geschätzte fünf Kilo auf die Waage bringt. So besteht unser Menü der nächsten Tage vor allem aus Fisch. Da wir an Bord weder Kühlschrank noch Tiefkühltruhe besitzen, gibt es Pacú in allen Variationen: über dem Holzkohlefeuer gegrillt, in der Pfanne gebraten, im Ofen mit Gemüse gebacken und zu Fischsuppe verarbeitet. Pacú zum Mittagessen, Pacú zum Abendbrot, Pacú für zwischendurch. Nur zum Frühstück lehne ich dankend ab. Das grätenarme, feste Fleisch ist eine Delikatesse. In Brasilien, am anderen Ufer des Flusses, heißt der Fisch Tambiguí. Feinschmecker aus aller Welt schnalzen in den Edelrestaurants von Rio de Janeiro oder Manaus mit der Zunge, wenn sie ihn probieren.

Später erfahre ich: Ausgebuffte Fischer vom Amazonasgebiet hätten unsere Pacú-Exemplare nur müde belächelt. Sie haben es auf eine besondere Pacú-Spezies abgesehen, die sie Pirapitinga nennen. Diese, auch als „Monsterfische" bekannten Pacús, werden bis zu dreißig Kilogramm schwer und über einen Meter lang. Ihr Gebiss ist so stark, dass sie damit auch Nüsse knacken können. Die Monster-Pacus erfreuen jedoch nicht nur das brasilianische Anglerherz. Sie erfüllen nebenbei eine wichtige Aufgabe zur Erhaltung mancher Wildfrüchte. Fällt im überfluteten Amazonasbecken zum Beispiel eine Camú-Camú-Frucht ins Wasser, ist der Pacú sofort zur Stelle und verschlingt sie mit riesigem Appetit. Etwa eine Woche später und viele Kilometer entfernt, entledigt sich der Fisch dann der Überreste seiner Verdauung, einschließlich der Samen von Früchten, die er verzehrt hatte. Hat eins dieser Samenkörner Glück, wird es ans Ufer zu einer geeigneten Stelle getrieben, keimt aus, entwickelt sich zu einem neuen Baum und trägt Früchte.

Man vermutet, dass nicht selten derselbe Monsterfisch Jahre später von Zeit zu Zeit zurückkehrt und darauf wartet, dass wieder eine Mahlzeit vom Himmel fällt. Erneut denke ich an die rätselhafte Aufforderung aus dem biblischen Buch Prediger: *Lass dein Brot übers Wasser fahren, so wirst du es finden nach langer Zeit* (Prediger 11,1; Luther). Zwar ist dem Pacú diese Passage gänzlich unbekannt, aber wieder einmal zeigt sich die Weisheit des Schöpfers in der Natur. Alles ist sinnvoll geplant. Auch die kleinsten Details eines Ökosystems sind durchdacht und bestens organisiert.

Unsere Pacús, die wir aus dem Río Paraguay gezogen haben, können mit den Monsterfischen nicht mithalten. Für Begeisterung sorgen sie trotzdem. Als Juan im Lauf der nächsten Tage dann aber ein Carpincho schießt und für Abwechslung auf dem Speiseplan sorgt, hat niemand etwas dagegen einzuwenden …

Christian, der das Leben an Bord immer besser kennenlernt, zeigt sich beeindruckt von Titos Gewohnheit, alles Erlebte in einem Tagebuch festzuhalten. Er beschließt, es ihm gleichzutun. Als er uns seinen Entschluss mit feierlicher Mine mitteilt, brechen wir statt ehrfürchtiger Bewunderung aber in herzhaftes Lachen aus. Seine nur bruchstückhaften Spanisch-Kenntnisse hatten ihm mal wieder einen Streich gespielt. Und wieder einmal war es eine Verwechslung zweier ähnlich klingender Vokabeln, die für einen Lachflash gesorgt hatte. Statt auf Spanisch zu sagen: „Ich will auch ein Tagebuch!“ (diario), hatte Christian verkündet: „Ich will auch Durchfall!“ (diarrhea).

An einem der nächsten Tage erreichen wir eine kleine Siedlung am Flussufer. Hier wohnen einige Familien der indigenen Gruppe der Yshyr. Nachdem wir die steile Böschung hinaufgeklettert sind, stehen wir vor einem weiß angestrichenen Blechschild. Mit rot gemalten Lettern werden wir informiert, dass der Ort Karcha Bahlut heißt, was in der Sprache der Yshyr soviel wie „Muschelschale“ bedeutet. Außerdem lesen wir mit Erstaunen, dass wir uns jetzt in Paraguays Solar-Dorf befinden. Was das genau bedeutet, ist uns rätselhaft. Auf jeden Fall sind wir gespannt, diese Siedlung und ihre Bewohner kennenzulernen. Freundlich werden wir begrüßt. Im Schatten der ausladenden Krone eines Mangobaumes trinken wir mit einigen Männern eine Runde Tereré. Zwei abgemagerte Hunde mustern uns aus sicherer Distanz. Juans signalrotes T-Shirt und seine weiße Hose stehen im krassen Kontrast zum satten Dunkelgrün der Mangobaumblätter. Der übliche Smalltalk über das Wetter und unsere Schiffsreise nimmt seinen Lauf.

Nachdem das Eis gebrochen ist, fragt Juan den Dorfältesten, ob wir hier, im kühlen Schatten des Baumes, spontan einen Gottesdienst veranstalten könnten. Er hat nichts dagegen. Marcelino, ein junger Yshyr, zeigt mir eine Apparatur, die von einer Hilfsorganisation gespendet wurde. Es handelt sich um eine „ökologische Kochplatte“. Mit Solarenergie soll darauf das Mittagessen gekocht werden. Ein verchromter Hohlspiegel, der wie eine zweckentfremdete Parabolantenne aussieht, bündelt, ähnlich einer Lupe, die Sonnenstrahlen. Damit – so die Idee der Erfinder – soll dann ein Kochtopf erhitzt werden. So weit, so innovativ. Marcelino und seine Leute haben für diese Schönwettertechnik allerdings keine Verwendung. Wieder einmal wird klar:

Wenn Ideen und Projekte wirklich zünden sollen, dann müssen sie gemeinsam mit den Menschen entwickelt werden, angepasst an ihre Wirklichkeit. Wer das nicht im Blick hat, darf sich nicht wundern, wenn seine skurrilen Kreationen irgendwann im Kuriositätenkabinett enden.

Für unser Equipment, bestehend aus Lautsprecherboxen, Keyboard, Kabeln und Mikrofon, haben wir heute ebenfalls keine Verwendung. Denn in „Paraguays Solar-Dorf" gibt es zwar gerade jede Menge Sonnenschein, aber keinen Strom. Das stellt aber kein großes Problem dar: Juan holt seine Gitarre und Don Silva, ein befreundeter Pastor, der uns für einige Tage begleitet, sein Akkordeon. Schnell finden sich die Anwohner unter dem Mangobaum ein. Wie fast überall in Paraguay, besteht auch hier mindestens die Hälfte der Zuhörer aus Kindern.

Wer Karcha Bahlut googelt oder Reiseführer studiert, stößt vielleicht auf die Information, dass sich diese Siedlung der Wahrung der „indigenen Bräuche" verschrieben habe: Ahnenverehrung und Glaube an die alten Mythen. An diesem Nachmittag erleben wir aber weder düster aussehende Schamanen noch in Trance versunkene Spiritisten, sondern interessierte Zuhörer. Sie lauschen den Klängen der Lieder und verfolgen die Predigt über Jesus mit sichtbarem Interesse. Bei unserem Besuch erfahren wir, dass wir nicht die ersten Missionare sind, die in Karcha Bahlut vor Anker gegangen sind. Mitarbeiter der New Tribes Mission haben hier schon vor Jahren Pionierarbeit geleistet, sind aber dann irgendwann wieder weggezogen. Hat ihre Arbeit bleibende Spuren hinterlassen? Konnten sie damals mit den Yshyr eine christliche Gemeinde gründen? Eins ist sicher: Gottes Wort, mit Herzblut und Leidenschaft vermittelt, zieht Kreise und trägt Früchte. Kühnheit und Ausdauer, Strapazen, Tränen und Opfer – daraus besteht das Rohmaterial für ein missionarisches Startup. Doch der Aufwand ist es wert. Das ausgestreute Saatgut wird sein Leben entfalten und Herzen verändern. Jetzt, morgen oder irgendwann. Auch in Karcha Bahlut bei den Yshyr.

33.

Bahia Negra – Am Ziel

Laut lässt Juan den Motor aufheulen. Die blechernen Aufbauten des Schiffes vibrieren unter den hohen Drehzahlen. Aber wir bewegen uns keinen Meter von der Stelle. Wieder einmal haben wir uns auf einer Sandbank festgefahren. Schon seit Wochen fällt der Pegel des Flusses. Extreme Trockenheit am Oberlauf des Río Paraguay lässt den Wasserstand immer weiter sinken. Mit dem Pegel nimmt das Nahrungsangebot für Fische ab. Wer jetzt seine Angel auswirft, hat gute Karten, denn aufgrund fehlender Alternativen sind die Fische nicht wählerisch. Stattliche Fänge gehören jetzt fast zum Alltag. Genauso wie die tägliche, körperliche Ertüchtigung im brusttiefen Wasser.

Schiffe anschieben – davon war in meiner Arbeitsbeschreibung als Fluss-Missionar nicht die Rede gewesen. Tito und ich nehmen es mit Humor: Immerhin ist es unmöglich, bei dieser Arbeit ins Schwitzen zu kommen. Für Rundum-Abkühlung ist gesorgt. Für den nötigen Nervenkitzel auch: In Acht nehmen müssen wir uns nicht nur vor der auf Hochtouren drehenden Schiffsschraube, sondern auch vor einigen Flussbewohnern. Piranhas, Kaimane, eine Anakonda oder auch eine größere Boa Constrictor zählen nicht unbedingt zu den Lebewesen, mit denen wir hier, im trüben Wasser stehend, auf engere Tuchfühlung gehen möchten.

Aber auch der Javevui, der Süßwasserstechrochen, ist immer für eine hinterhältige Attacke gut. Tritt man ahnungslos und ohne Absicht auf das tellerförmige Tier, das sich am Grund des Flusses aufhält, wird es ungemütlich. Der Rochen wehrt sich mit einem Schlag seines Schwanzes, der mit einem Giftstachel bewehrt ist. Zwar verlaufen diese Angriffe nicht tödlich, aber so schmerzhaft, dass man sich noch Jahrzehnte später lebhaft daran erinnert.

Heute geht alles gut. Wir haben es geschafft. Dank unserer vereinten Manpower hat das Schiff wieder Wasser unter dem Kiel und kann seine Fahrt fortsetzen. Noch etwa zehn Kilometer – dann sind wir am Ziel in Bahia Negra. Die Landschaften, die an uns vorüberziehen, wirken streckenweise traumhaft. An einem elfenbeingelben Sandstrand taucht eine einsame Holzhütte auf, umrahmt von einem Ensemble Caranday-Palmen. Der Himmel über dieser fast surrealen Szene schimmert in Nuancen von kobaltblau, lavendel und azur. Wie ein Stillleben, das in Zeitlupe vorüberzieht, strahlt diese tropische Idylle tiefen Frieden und eine unbeschreibliche Harmonie aus. Wenn es irgendwo auf dieser Erde einen Winkel geben sollte, der völlig stressfrei ist und vollkommene Tiefenentspannung verspricht – dann fahren wir gerade vorbei. Wie hinreißend schön hat der Schöpfer diese Landschaft gestaltet! Wie gern würde ich hier an Land gehen! Eine kurze Erkundungstour oder ein eiskalter Tereré im Schatten der Palmen, mit Blick auf die sanften Wellen des Flusses … Aber noch sind wir nicht an unserem Tagesziel angekommen. Ciao – einsames Palmen-Eldorado! Vielleicht klappt es mit einem Zwischenstopp dann auf der Rückreise?

Tito hat sie als Erster entdeckt: Riesenotter! Eine ganze Familie. Nur einen Steinwurf von uns entfernt. Ein Paar mit zwei Jungtieren vergnügt sich am Ufer. Die Tiere mit dem schwarzbraunen Fell schwimmen, tauchen und tollen umher, als gäbe es etwas zu feiern. Sie haben keine Ahnung davon, dass sie für skrupellose Pelzjäger eine begehrte Beute sind. Fasziniert beobachten

Endlich am Ziel: Bahia Negra

wir das ausgelassene Treiben der Otterfamilie. Spontan fassen wir den Entschluss, uns diese seltenen Tiere aus der Nähe anzuschauen. Juan schaltet den Motor ab und lässt das Schiff mit der Strömung langsam ans Ufer treiben. Ich halte meine Olympus-Kompaktkamera im Anschlag. Diese einzigartigen Fotomotive will ich mir nicht entgehen lassen! Aber die scheuen Tiere scheinen heute weder Wert auf ein Fotoshooting noch auf unsere Bekanntschaft zu legen. In einem Augenblick sind sie lautlos abgetaucht und verschwunden. Geduldig warten wir noch eine Weile. Aber wir sehen die Otter nicht wieder.

Eine Stunde später erreichen wir Bahia Negra. Wir sind am vorläufigen Ziel unserer Reise angekommen. Das Fischerdorf im Pantanal befindet sich fast im äußersten Norden des Landes. Sieben Kilometer nördlich verläuft die paraguayisch-bolivianische Grenze, am gegenüberliegenden Flussufer die zu Brasilien. Gespannt darauf, welche Begegnungen uns hier erwarten, gehen wir an Land. Weit verstreut stehen Hütten, die aus Palmenholzstämmen gebaut sind, am hellgrauen Erdweg. Der scheint die Hauptstraße des Dorfes zu sein. Die Umgebung verströmt einen rustikalen Charme. *Bienvenidos a Bahia Negra* lesen wir auf einem großen Blechschild, von dem die Farbe abblättert. Wer hier wohnt, darf nicht empfindlich sein. Das feucht-heiße Klima ist nichts für Herzpatienten. Auch die Infrastruktur ist eher ungeeignet für einen Wellnessurlaub. Nicht selten ist der Ort komplett von der Außenwelt abgeschnitten. Die einzige Verbindung zu den nächsten Siedlungen ist ein Erdweg, der direkt durch den Urwald führt. Nach ausgiebigen Regenfällen verwandelt er sich in eine knietiefe Schlammpiste und ist unpassierbar. Wenn in der Trockenzeit der Pegel des Flusses stark sinkt, können auch die Boote der Händler, die Bahia Negra und andere Orte mit Lebensmitteln versorgen, nicht mehr anlegen. Aber die Menschen hier haben es gelernt, mit diesen Extremen zu leben.

Am Nachmittag brechen wir zu Fuß auf. Wir gehen die sandigen Wege des Ortes entlang, um einige Leute in ihren Palmholzhütten zu besuchen. Das Echo steht aber im Kontrast zu den heißen Außentemperaturen und fällt eher unterkühlt aus. Die Begeisterung der Menschen über unsere Ankunft hält sich in Grenzen. Nach einigem Fragen finden wir aber ein Grundstück, dessen Eigentümer uns erlaubt, abends darauf einen Gottesdienst durchzuführen.

Heute müssen wir unsere Ausrüstung nicht selbst schleppen. Wir haben einen Ochsenkarren samt Chauffeur ausfindig gemacht. Er transportiert unser Equipment für kleines Geld. Kabel, Gitarre, Keyboard und Mikrofonständer werden verladen. Das wichtigste sind aber unsere Lautsprecherboxen. Zwar sehen sie durch zahlreiche Einsätze inzwischen mitgenommen und etwas ramponiert aus, aber sie funktionieren. Auf technische Raffinesse und schönen Schein kommt es in diesem Fall auch nicht an. Viel wichtiger ist Lautstärke. In Paraguay verschafft sich der Gehör, der seine Boxen dröhnen lasst und das gesamte Wohnviertel beschallt. Leisetreter und Leisesprecher werden ignoriert. Nach einer Weile haben wir unsere Kabel verlegt und alles installiert. In einer halben Stunde kann es losgehen.

Und es geht los. Allerdings nicht mit unserer Veranstaltung. Sondern mit einem tropischen Regenguss. Das Wetter macht uns einen Strich durch die Rechnung. Nach dem ersten Lied müssen wir kurzerhand abbrechen. Unser Equipment, das leider nicht wasserfest ist, wird schleunigst abgebaut und in Sicherheit gebracht. Wir sind deprimiert: Wozu dieser Aufwand, wenn jetzt alles ins Wasser fällt? Gerade hier in Bahia Negra, einem Ort, der bisher kaum von Christen erreicht wurde, wollten wir ein missionarisches Ausrufezeichen setzen. Hier wollten wir mit unserem Pioniereinsatz den Grundstein für eine spätere Gemeinde legen. Aber statt eines fulminanten Startschusses erleben wir heute eher einen Rohrkrepierer. Unser himmlischer Auftraggeber wird wissen, weshalb. Auch aus scheinbaren Pleiten kann er erstaunliche Dinge wachsen lassen – soviel habe ich inzwischen gelernt. Und sind nicht unsere Pannen sein bevorzugtes Ausgangsmaterial, um daraus Meisterwerke seiner Gnade zu gestalten?

Spontan ziehen wir ins Innere der Hütte um, die auf dem Grundstück steht. Außer der Familie, die darin wohnt, findet sich nur eine Handvoll Besucher ein. Unsere Lautsprecher müssen ganz draußen bleiben. Aber wir dürfen das tun, wozu wir gekommen sind: von Jesus sprechen. Eine Tür hatte sich geschlossen. Gott hat unvermittelt eine andere geöffnet. Im kleinen Kreis, in persönlicher Atmosphäre, übermitteln wir die Botschaft, die uns selbst neues Leben geschenkt hat. Und wir sind uns sicher: Gottes Wort wird nicht ohne Wirkung bleiben. Und da war es wieder – das geheimnisvolle Versprechen des Predigers: *Lass dein Brot über das Wasser fahren, dann wirst du es finden nach langer Zeit* (Luther).

Epilog

Ich habe von Gott alle Macht im Himmel und auf der Erde erhalten. Deshalb geht hinaus in die ganze Welt und ruft alle Menschen dazu auf, meine Jünger zu werden! Tauft sie auf den Namen des Vaters, des Sohnes und des Heiligen Geistes! Lehrt sie, alles zu befolgen, was ich euch aufgetragen habe. Ihr dürft sicher sein: Ich bin immer bei euch, bis das Ende dieser Welt gekommen ist!

(Matthäus 28,18)

Im August des Jahres 2000 machte ein Boot rund um den Globus Schlagzeilen. Es handelte sich nicht um die Misericordia II und es war auch nicht auf dem Río Paraguay unterwegs. Die *Kursk* war ein russisches Atom-U-Boot, bestückt mit Marschflugkörpern. Sie war das modernste U-Boot der russischen Flotte und galt als unzerstörbar.

Aber am 12. August, während eines Manövers in der eisigen Barents-See, verschwindet die Kursk plötzlich vom Radar. Fieberhaft versucht man, wieder Kontakt herzustellen. Ohne Erfolg. Nach zwölf Stunden dann die erschütternde Gewissheit: Es hatte sich eine Katastrophe ereignet. Eine Explosion, wahrscheinlich ausgelöst durch einen technischen Defekt, hatte die Kursk aufgerissen wie eine Blechbüchse. Die K-141 war gesunken und ruhte auf dem Grund des Meeres. Die russische Militärführung jedoch versuchte, das Fiasko zu vertuschen, und lehnte fremde Unterstützung entschieden ab.

Erst nach mehr als einer Woche wurden norwegische Spezialtaucher beauftragt, die Luke der Kursk zu öffnen. Man konnte einige Leichen bergen. Dabei stellte man fest, dass 23 Besatzungsmitglieder die Explosion zunächst überlebt hatten. In einer Luftblase hatten sie im Inneren des gesunkenen Bootes, in völliger Dunkelheit, in einhundertzehn Metern Tiefe, ausgeharrt und auf Rettung gehofft. Später waren sie erstickt. Als man die Leiche des Kapitänleutnants Dimitri Kolesnikow barg, entdeckte man in einer Tasche seiner Uniform einen Zettel, mit Bleistift beschrieben. Im Angesicht des nahenden Todes hatte er unter anderem folgende Worte an seine Frau Olga zu Papier gebracht: *Ulitschka, hier ist es beinahe zu dunkel zum Schreiben, also schreibe ich nach Gefühl. Unsere Überlebenschance beträgt wohl nur etwa zehn bis zwanzig Prozent. Wir sind hier 23 Mann. Aber keiner von uns kann an die Oberfläche gelangen. Grüße alle von mir …*

Die ausweglose Lage dieser dreiundzwanzig Männer gleicht unserer Situation ohne Christus: Niemand von uns kann aus eigener Kraft nach oben gelangen. Niemand schafft es mit eigenen Mitteln in den Himmel. Gefangen in der Dunkelheit unserer Schuld. Verloren und unfähig, uns selbst zu befreien. Die Zeit arbeitet gegen uns. Der Countdown läuft. Ohne Rettung von außen ist unser Schicksal besiegelt. Jesus ist die einzige Hoffnung. Für die Kinder in den Kalkfabriken von Güyra-Ti, für die Krokodiljäger von Puerto Guarani und für die Mun-Jünger von Puerto Leda. Wer macht sich auf den Weg, diese Botschaft der Hoffnung bis in die letzten versteckten Buchten des Río Paraguay und bis in die letzten Winkel unseres Planeten zu tragen?

Ich bin bei euch alle Tage! – ein schier unglaubliches Versprechen! Aber wurde uns diese Zusicherung vor allem dafür geschenkt, dass wir sie auf Spruchkarten, Poster und Fotokalender drucken und damit die Wände unserer Wohnungen und Gemeindehäuser dekorieren? Diese Zusage ist nur im Gesamtpaket mit dem Auftrag zu haben. Der göttliche Rundumschutz tritt für die in Kraft, die sich auf den Weg machen. Die ihre Komfortzone verlassen, um aufzubrechen zu neuen missionarischen Ufern.

Wenn wir das wagen, verspricht uns Jesus seine ununterbrochene Begleitung. Einen *24-Stunden-all-inclusive-Support.* Dieses Versprechen ist kein probates Beruhigungsmittel für unruhige Tage. Es ist auch kein nachträglicher Einfall unseres Auftraggebers, um uns Angst und Unsicherheit zu nehmen. Jesus ist selbst unterwegs, um Nationen zu retten und Gestrandete zu suchen. Er ruft uns auf, uns für diese Mission in sein Lebensrettungsteam einzureihen.

Nach dem Abenteuer ist vor dem Abenteuer

Vier Jahre nach dem Fall der Berliner Mauer landete ich das erste Mal in Lateinamerika. Gespannt sah ich einem Zwei-Jahres-Einsatz mit *Christliche Dienste International* entgegen. Mit ausrangierten und umgebauten Militär-LKW der Bundeswehr tourten wir durch Dörfer im unwegsamen Inland Paraguays. Auf Fußballplätzen, Wiesen und Privatgrundstücken bauten wir eine große Leinwand sowie Lautsprecher auf, um den „Jesus"-Film zu zeigen und zu predigen. Dass ich sieben Jahre später zurückkommen würde – dann allerdings als Missionar ohne Rückflugticket –, das war damals in meinen Planungen nicht vorgesehen.

Doch nach dem Abenteuer ist vor dem Abenteuer. Das entdeckte ich sehr schnell, als ich im Jahr 2003 von meinem schwimmenden Zuhause namens *Misericordia II* wieder aufs vermeintlich sichere Festland wechselte. Unsere neue Mission bestand im Aufbau einer Bibel- und Landwirtschaftsschule im Inland Paraguays. Auch ohne Anakondas und Piranhas wurde es ein aufregendes Unternehmen – voller Hoffnung, Spannung und Turbulenzen. Mit bitteren Rückschlägen, faszinierenden Wundern Gottes und vielen Glücksmomenten. Insgesamt vierzehn Jahre war ich als Lehrer am *Instituto Bíblico Integral* im Einsatz, zwölf davon auch als Schulleiter.

Reinhard & Reinaldo mit seiner jungen Familie, bei einem Wiedersehen, 2016 in Vallemí, am Río Paraguay

Einer unserer Schüler war Reinaldo, ein echtes Multitalent: Harfenspieler, Keyboarder, Metallbauer, Motorradmechaniker und versierter Landwirt in einer Person. Reinaldo stammte aus einer abgelegenen Region, die bis heute dafür berüchtigt ist, dass viele Campesinos vom Marihuana-Anbau lebten. Nach seiner Ausbildung bei uns wurde er als junger Pastor in einen kleinen, 500 Kilometer entfernten Ort am Río Paraguay entsandt: nach Puerto Pinasco, wo unser Missionsschiff oft geankert hatte!

Ich bin inzwischen in der Arbeit mit Strafgefangenen tätig. In Gefängnissen Südamerikas und in Deutschland erleben wir, wie derselbe Herr, der entlang des Río Paraguay Menschen für immer und tiefgreifend verändert hat, auch hinter Gittern Geschichte schreibt: Männer und Frauen erleben Vergebung ihrer Schuld und erfahren ein neues Leben durch Jesus.

Heute erhielt ich völlig überraschend Nachrichten von Reinaldo. Begeistert berichtet er mir Folgendes: Mit seinem acht Meter langen Schiff *Ezequias*, das er in seiner Werkstatt selbst gebaut hat (!), will er mit einem Team Missionsreisen zu den Dörfern am Flusslauf des Río Paraguay durchführen. Aus der betagten Misericordia II ist eine Misericordia 2.0 geworden.

Die nächste Generation von Missionaren übernimmt!

Reinhard Pilz, E-Mail repilz@vdm.org

Mehr aus dem Neufeld Verlag

Peter Mommsen, *Radikal barmherzig: Das Leben von Johann Heinrich Arnold – eine Geschichte von Glauben und Vergebung, Hingabe und Gemeinschaft.* ISBN 978-3-86256-078-3, 2017

Timothy J. Geddert, *Das immer wieder Neue Testament.* ISBN 978-3-86256-161-2, 2021

Jayson Georges, Mit anderen Augen – Perspektiven des Evangeliums für Scham-, Schuld- und Angstkulturen. ISBN 978-3-86256-090-5, 4. Auflage 2022

Roland Hardmeier, *Kirche ist Mission – Auf dem Weg zu einem ganzheitlichen Missionsverständnis.* Edition IGW, Band 2, ISBN 978-3-937896-77-9, 2. Auflage 2020

Henri J. M. Nouwen, *Jesus nachfolgen – Nach Hause finden in einem Zeitalter der Angst.* ISBN 978-3-86256-162-9, 2. Auflage 2021

Ute und Frank Paul (Herausgeber), *Begleiten statt erobern – Missionare als Gäste im nordargentinischen Chaco.* ISBN 978-3-937896-95-3, 2010

Ute Paul, *Die Rückkehr der Zikade – Vom Leben am anderen Ende der Welt.* ISBN 978-3-86256-060-8, 2015

Hanna Schott, *Von Liebe und Widerstand – Magda & André Trocmé: Der Mut dieses Paares rettete Tausende.* ISBN 978-3-86256-017-2, 5. Auflage 2021

Glenn J. Schwartz, *Wenn Nächstenliebe klein macht – Finanzielle Abhängigkeit in Mission und Gemeinde überwinden.* ISBN 978-3-86256-157-5, 2020

Eva Smutny, *Ganz. Einfach. Bibel. Neu eintauchen und Gott begegnen.* ISBN 978-3-86256-178-0, 2022

Dallas Willard, *Jünger wird man unterwegs – Jesus-Nachfolge als Lebensstil.* ISBN 978-3-86256-008-0, 6. Auflage 2023

Dieses Buch wurde **in Deutschland** hergestellt.

Das **Papier**, das dafür verwendet wurde, ist FSC®-zertifiziert. Als unabhängige, gemeinnützige, nichtstaatliche Organisation hat sich der *Forest Stewardship Council®* (FSC®) die Förderung des verantwortungsvollen und nachhaltigen Umgangs mit den Wäldern der Welt zum Ziel gesetzt.

Außerdem unterstützen wir ein **Klimaschutzprojekt** sowie Baumpflanzung.

Dieses Buch wurde bewusst **nicht in Folie eingeschweißt**; unser Versandpartner verwendet zudem Papier und nicht Plastik als Füllmaterial.

Stellen Sie sich eine Welt vor, in der jeder willkommen ist!